A B
Contraste insuffisant
NF Z 43-120-14
Illisibilité partielle

Original en couleur
NF Z 43-120-8

Couverture inférieure manquante

DES MOYENS EMPLOYÉS

POUR CONSTITUER LE

RÉSEAU DES CHEMINS DE FER

FRANÇAIS

ET EN PARTICULIER DES CONVENTIONS
RELATIVES À LA GARANTIE D'INTÉRÊT ET AU PARTAGE DES BÉNÉFICES

PAR

Léon AUCOC

PRÉSIDENT DE SECTION AU CONSEIL D'ÉTAT

Extrait de la *Revue critique de Législation et de Jurisprudence*

PARIS

COTILLON, ÉDITEUR, LIBRAIRE DU CONSEIL D'ÉTAT
24, rue Soufflot, 24

1875

DES MOYENS EMPLOYÉS

POUR CONSTITUER LE

RÉSEAU DES CHEMINS DE FER

FRANÇAIS

ET EN PARTICULIER DES CONVENTIONS
RELATIVES A LA GARANTIE D'INTÉRÊT ET AU PARTAGE DES BÉNÉFICES

PAR

Léon AUCOC

PRÉSIDENT DE SECTION AU CONSEIL D'ÉTAT

Extrait de la *Revue critique de Législation et de Jurisprudence*

PARIS

COTILLON, ÉDITEUR, LIBRAIRE DU CONSEIL D'ÉTAT

24, rue Soufflot, 24

1875

PARIS. — IMPRIMERIE ARNOUS DE RIVIÈRE ET Cⁱᵉ, RUE RACINE, 26.

TABLE DES MATIÈRES.

SECTION PREMIÈRE.

SECTION DEUXIÈME.

DES MOYENS EMPLOYÉS

POUR CONSTITUER LE

RÉSEAU DES CHEMINS DE FER

FRANÇAIS

ET EN PARTICULIER DES CONVENTIONS
RELATIVES A LA GARANTIE D'INTÉRÊT ET AU PARTAGE DES BÉNÉFICES

L'Assemblée nationale et, avant elle, le Corps législatif ont été plusieurs fois appelés à apprécier le mérite et les effets des conventions passées en 1859, 1863 et 1868 avec les six compagnies qui sont concessionnaires de la plus grande partie de notre réseau de chemins de fer. On sait que, pour assurer l'exécution d'un grand nombre de chemins qui paraissait compromise par la défiance du public, l'État a garanti, dans certaines limites, l'intérêt du capital consacré à la construction d'une partie notable des lignes, classée sous le nom de second réseau, en stipulant en retour le partage des bénéfices lorsqu'ils dépasseraient une somme déterminée.

Dans les débats qui ont eu lieu en 1873 et 1874, soit à l'occasion d'une application nouvelle de ce système, soit à l'occasion de l'inscription au budget des sommes nécessaires pour acquitter la dette du Trésor, des faits d'une grande importance ont été signalés, des appréciations très-contradictoires ont été produites, des assertions fort inexactes ont été avancées sans être expressément réfutées; enfin les mesures prises pour l'application des conventions et les résultats auxquels elles avaient abouti n'ont pas été mis pleinement en lumière.

D'autre part, le règlement des comptes des compagnies, poursuivi depuis 1863 par des commissions spéciales sous l'autorité du ministre des travaux publics, a soulevé un certain nombre de questions de droit dont quelques-unes, parfois délicates, ont été portées devant le Conseil d'État statuant au contentieux, et le Conseil d'État, après une longue instruction que justifiaient la nouveauté et l'importance du litige, vient de trancher ces questions par deux arrêts, en date du 5 juin et du 17 juillet 1874, rendus sur les recours de la compagnie du chemin de fer d'Orléans.

Nous croyons le moment opportun pour exposer les différents procédés au moyen desquels le législateur a successivement constitué le réseau français et pour étudier ensuite d'une manière approfondie les conventions de 1859, de 1863 et de 1868, leur portée, les mesures prises pour leur exécution et les résultats qu'elles ont produits.

SECTION PREMIÈRE.

EXPOSÉ HISTORIQUE DE LA CONSTITUTION DU RÉSEAU.

Ce n'est pas élargir notre sujet outre mesure que de faire, pour expliquer l'origine des conventions de 1859 modifiées en 1863 et 1868, une étude historique sur la constitution du réseau des chemins de fer en France. Quand on voit les débuts pénibles de l'établissement des chemins de fer dans notre pays, l'influence désastreuse des crises politiques et commerciales sur la situation des compagnies concessionnaires, l'impatience d'ailleurs très-légitime des populations à être dotés des avantages précieux de ce nouveau moyen de circulation, on comprend le système un peu compliqué auquel le gouvernement et le législateur sont arrivés, sous la pression des événements, par une série de mesures successives; système dans lequel l'initiative particulière et l'action de l'État, les capitaux privés et les finances publiques ont été associés intimement. On reconnaît qu'il serait injuste d'apprécier ce système au point de vue de la théorie pure, même au point de vue de l'état actuel de l'opinion et du crédit public, et que le résultat qui a été obtenu n'aurait sans doute pas été atteint par d'autres procédés[1].

I

A l'origine de la création des chemins de fer, deux systèmes simples, diamétralement opposés, se sont produits, et les différents peuples ont opté entre eux suivant leur génie propre et leurs tendances en matière d'administration publique. Tantôt la construction et l'exploitation des chemins de fer ont été abandonnées à l'initiative privée et ont fait l'objet de concessions perpétuelles, accordées sans aucune assistance du Trésor public et sans que l'administration se soit attribué un droit de contrôle efficace ; tantôt la construction et l'exploitation des chemins de fer ont été réservées exclusivement à l'État. L'Angleterre et les États-Unis d'Amérique ont adopté le premier système ; toutefois on peut constater aujourd'hui (et nous reviendrons sur ce point) que, depuis quelques années, le Parlement anglais et plusieurs États de l'Amérique du Nord tendent à laisser moins de liberté à l'initiative des compagnies concessionnaires, à contrôler davantage leur action pour protéger le public. La Belgique et plusieurs États de l'Allemagne ont adopté le

---

[1] C'est dans les documents parlementaires, exposés de motifs, rapports des commissions, discussions que nous avons puisé les principaux traits de cet exposé historique.

Dans un ouvrage intitulé *les Chemins de fer aujourd'hui et dans cent ans* (2 vol. in-8°, 1858-1862), M. Audiganne a fait une analyse très-détaillée et une étude critique des discussions des Chambres et des actes du gouvernement relatifs aux chemins de fer jusqu'en 1861. On peut consulter aussi avec profit un rapport étendu fait en 1855 au nom d'une commission chargée par le ministre des travaux publics de recueillir des documents statistiques sur les chemins de fer, et qui est signé de M. Nicolas, ingénieur des ponts et chaussées (*Documents statistiques sur les chemins de fer*, 1856). M. Lucas, ingénieur des ponts et chaussées, a consacré aux chemins de fer une partie de son *Étude historique et statistique sur les voies de communication de la France*, écrite en 1873, pour l'Exposition de Vienne.

Les chiffres que nous donnerons sont empruntés au volume publié annuellement par le ministère des travaux publics sous le titre de *Situation des chemins de fer français*, aux documents statistiques publiés en 1856, aux documents financiers publiés en 1868, et aux documents relatifs à la construction et à l'exploitation publiés en 1872.

second système, au moins dans les premiers temps, pour une partie de leurs chemins de fer.

Quand le législateur français eut à prendre un parti pour la création du réseau de nos chemins de fer, il avait ces deux exemples sous les yeux ; les avantages et les inconvénients des deux systèmes furent d'autant plus longuement débattus que la politique vint se mêler à ces discussions.

La France s'était cependant laissé devancer beaucoup par plusieurs nations voisines. C'est en 1833 seulement qu'un crédit de 500,000 francs fut ouvert au gouvernement par une loi spéciale pour les frais d'études des lignes de chemins de fer.

Jusqu'à cette époque, les pouvoirs publics s'étaient bornés à autoriser l'exécution de quelques chemins de fer d'un faible parcours, destinés à relier des centres de production houilliers ou métallurgiques avec des voies navigables. C'est ainsi qu'avaient été concédés, en 1823, le chemin de fer de Saint-Étienne à la Loire ; en 1826, celui de Saint-Étienne à Lyon ; en 1828, celui d'Andrézieux à Roanne ; en 1830, celui d'Épinac au canal de Bourgogne, enfin le 29 juin 1833, la ligne d'Alais à Beaucaire. Les concessions de ces chemins étaient faites à perpétuité. Les premières avaient été accordées par ordonnances royales ; celle du chemin d'Alais fut ratifiée par une loi, en vertu des principes posés par l'article 10 de la loi du 21 avril 1832 et confirmés plus tard par les lois du 7 juin 1833 et du 3 mai 1841. Du reste, c'est au mois de juillet 1832 seulement que la traction par locomotives avait été substituée à la traction par chevaux sur le chemin de Saint-Étienne à Lyon et que le transport des voyageurs, qui n'était pas prévu dans le cahier des charges, avait été joint au transport des marchandises.

Mais les études préparées par les ingénieurs des ponts et chaussées restèrent pendant plusieurs années à l'état de projet. De nouveaux essais de petites lignes familiarisaient peu à peu l'opinion publique avec les avantages des chemins de fer. En 1835 fut concédé le chemin de fer de Paris à Saint-Germain, puis en 1836 et 1837, ceux de Montpellier à Cette, de Paris à Versailles (rive droite et rive gauche), de Mulhouse à Thann et de Bordeaux à la Teste. Les concessions nouvelles différèrent des premières en ce qu'elles étaient temporaires, et stipulaient pour l'État le droit de prendre possession des chemins à l'expiration de la concession. Les obligations des compagnies étaient en outre déterminées soigneusement par les cahiers des charges.

Quand le gouvernement vint présenter en 1837 à la Chambre des députés cinq projets de loi relatifs à la concession des lignes de Paris en Belgique, de Paris à Tours, de Paris à Rouen et au Havre et de Lyon à Marseille, le débat s'ouvrit avec une grande vivacité sur la question de savoir s'il convenait d'abandonner l'exécution de ces travaux considérables et leur exploitation à l'initiative privée ou s'il ne fallait pas les réserver à l'État.

Les uns considéraient que le devoir de l'État était d'encourager l'initiative privée, l'esprit d'association, et de ne se substituer à elle que si elle faisait preuve d'impuissance. Ils ajoutaient que la tâche serait écrasante pour les finances publiques, quoi qu'on fût loin de prévoir alors toute l'extension que prendrait le réseau des chemins de fer. Ils faisaient valoir les difficultés dans lesquelles allait se jeter l'État s'il prenait la responsabilité de cette œuvre immense en l'exécutant avec les fonds du Trésor, la lenteur des travaux, les rivalités qui se produiraient entre les localités impatientes d'être desservies, les réclamations de celles qui ne seraient pas favorisées.

Les autres soutenaient qu'il importait au gouvernement de rester maître de voies de communication aussi importantes à tous les points de vue, de ne pas aliéner le droit de modifier les tarifs qui avaient une si grande influence sur les développements du commerce et de l'industrie. Ils regardaient d'ailleurs l'impuissance des compagnies privées comme démontrée à l'avance, du moins pour les grandes lignes qui entraînaient des dépenses énormes, et signalaient enfin les graves abus de la spéculation.

Les raisons dans un sens comme dans l'autre paraissaient si fortes que la Chambre des députés qui, en 1837, avait ajourné, après une vive discussion, l'examen des projets de concession de plusieurs grandes lignes à des compagnies, repoussa, en 1838, une série de projets tendant à faire exécuter par l'État une sorte de premier réseau des chemins de fer [1].

---

[1] L'exposé des motifs du projet de loi de 1838 dont la rédaction est attri-

Diverses concessions furent faites en 1838 à des compagnies. C'était le commencement de l'exécution des grandes lignes; toutefois on n'abordait pas un travail d'ensemble. Les lignes de Strasbourg à Bâle, de Paris à la mer (Rouen, le Havre et Dieppe), de Paris à Orléans avec divers embranchements, de Lille à Dunkerque, furent ainsi décidées.

Mais bientôt une première crise se produisit : les actionnaires, inquiets sur l'étendue des charges que pouvaient entraîner les concessions, préoccupés des agitations politiques et des complications extérieures qui semblaient se préparer, refusèrent de payer le montant de leurs souscriptions. Les compagnies concessionnaires du chemin de fer de Lille à Dunkerque et du chemin de fer de Paris à la mer renoncèrent à leur entreprise. La compagnie du chemin de fer de Paris à Orléans, sans aller aussi loin, demanda et obtint l'autorisation de restreindre sa concession à la partie du chemin comprise entre Paris et Juvisy et à l'embranchement sur Corbeil. Elle fut en outre autorisée, par une loi du 1ᵉʳ août 1839, comme les compagnies concessionnaires de Bordeaux à la Teste et de Paris à Versailles (rive gauche), à proposer des modifications au cahier des charges pour diminuer les dépenses. Cette disposition fut même généralisée par une loi du 9 août 1839.

Lorsque la compagnie d'Orléans se décida l'année suivante à reprendre la totalité de sa concession, il fallut, pour encourager les actionnaires, proroger, par une loi du 15 juillet 1840, la concession de soixante-dix à quatre-vingt-dix-neuf ans, et faire garantir par l'État l'intérêt à 4 p. 100 des capitaux, montant à 40 millions, engagés dans l'entreprise. C'est le premier exemple d'une combinaison qui, plus tard, a reçu une application très-étendue.

Ce moyen de venir en aide à la compagnie ne fut adopté qu'après une discussion très-approfondie. Déjà, en 1837, le gouvernement avait proposé, dans un projet de loi relatif au chemin de fer de Lyon à Marseille qui fut ajourné, d'em-

buée à M. Legrand, alors directeur général des ponts et chaussées et le rapport fait au nom de la commission de la Chambre des députés par M. Arago, résument très-nettement les arguments présentés à l'appui des deux opinions contraires (*Moniteur* du 16 février et du 26 avril 1838).

ployer ce procédé pour encourager les capitaux timides. Mais la Chambre l'avait accueilli avec peu de faveur, malgré l'appui que lui avaient donné M. Dufaure, rapporteur du projet de loi, et M. Berryer [1].

Dans le projet de loi de 1840 relatif à la compagnie d'Orléans, le gouvernement n'avait pu omettre de l'indiquer parce que la compagnie, représentée par M. Bartholony, avait vivement insisté pour l'obtenir; mais il le repoussait. Il lui paraissait préférable que l'État prît un certain nombre d'actions de la compagnie, en réservant aux autres actionnaires un prélèvement privilégié, montant à 4 p. 100 du capital qu'ils auraient engagé. Il invoquait en ce sens l'exemple de quelques États de l'Amérique du Nord. La commission de la Chambre des députés proposa au contraire d'accorder à la compagnie la garantie d'un minimum d'intérêt. Elle y voyait cet avantage essentiel qu'on assurerait ainsi mieux que par tout autre procédé l'exécution du chemin, puisque la garantie ne devait fonctionner qu'à dater de la mise en exploitation. Elle ajoutait que l'appui donné par l'État à une entreprise dont l'avenir était certain n'imposerait aucun sacrifice au Trésor. Lors de la discussion, le projet de la commission fut habilement soutenu par le rapporteur, M. Gustave de Beaumont, et vivement appuyé par MM. Berryer et Duchâtel. Le gouvernement s'y rallia par l'organe de M. Jaubert, ministre des travaux publics, et de M. Thiers, président du conseil, et il fut adopté à une forte majorité [2].

Mais on n'entendait pas alors généraliser ce procédé, qui du reste n'était pas approprié à la situation de toutes les compagnies. La même loi du 15 juillet 1840 autorisait le Trésor public à faire des prêts à diverses compagnies, celle de Strasbourg à Bâle et celle d'Andrézieux à Roanne. Les chemins de fer du Gard avaient été, en 1837, l'objet d'une mesure semblable.

---

[1] Rapport de M. Dufaure déposé à la séance du 5 juin 1837 (*Moniteur* du 8 juin), Discours de M. Berryer à la séance du 19 juin (*Moniteur* du 20 juin).

[2] Voir l'exposé des motifs (*Moniteur* du 8 avril 1840), le rapport de la commission (*Moniteur* du 4 juin) et la discussion (*Moniteur* des 10, 11, 12 et 13 juin).

L'expérience qui venait d'être faite de la difficulté qu'a-vaient les compagnies à se constituer, amena les Chambres à autoriser l'exécution par l'État des lignes de Montpellier à Nîmes et de Lille à Valenciennes [1].

Enfin on prit un grand parti. La France ne possédait encore, à la fin de l'année 1841, que 877 kilomètres de chemins de fer, dont 566 seulement étaient en exploitation, alors qu'il y avait en Europe 9,281 kilomètres concédés ou entrepris par divers États et 4,912 kilomètres à l'état d'exploitation [2]. Les grandes lignes du réseau reliant les diverses parties du territoire et joignant la capitale aux frontières n'étaient pas encore tracées. Elles le furent par la loi du 11 juin 1842, qui détermina en même temps le procédé auquel on aurait recours pour leur exécution.

Cette loi disposait qu'il serait établi « un système de chemins de fer se dirigeant : de Paris sur la frontière de Belgique par Lille et Valenciennes ; — sur l'Angleterre, par un ou plusieurs points du littoral de la Manche qui seraient ultérieurement déterminés ; — sur la frontière d'Allemagne, par Nancy et Strasbourg ; — sur la Méditerranée, par Lyon, Marseille et Cette ; — sur la frontière d'Espagne, par Tours, Poitiers, Angoulême, Bordeaux et Bayonne ; — sur l'Océan, par Tours et Nantes ; — sur le centre de la France, par Bourges. On y ajoutait une ligne de la Méditerranée au Rhin par Lyon, Dijon et Mulhouse, et une ligne de l'Océan à la Méditerranée par Bordeaux, Toulouse et Marseille. » Tel était le plan général.

Quant aux moyens d'exécution, le législateur manifestait sa préférence pour un système nouveau, intermédiaire entre ceux qui avaient été employés jusque-là. Le ministre des travaux publics déclarait qu'il avait la conviction profonde que l'État devait se charger, sinon de la totalité, du moins de la plus forte partie des dépenses des grandes lignes de chemins de fer. La commission de la Chambre des députés,

---

[1] Loi du 15 juillet 1840.

[2] L'Angleterre comptait à cette époque 3,617 kilomètres, dont 2,521 étaient exploités ; — la Prusse et les États d'Allemagne 2,811, dont 627 exploités ; — l'Autriche 877, dont 747 exploités ; — la Belgique 621 kilomètres, dont 378 exploités. Quant aux États-Unis d'Amérique, ils avaient concédé 15,000 kilomètres et 5,800 étaient livrés à l'exploitation.

par l'organe de M. Dufaure, reconnaissait que les capitaux, découragés par les mécomptes qui s'étaient produits dans l'exécution des premières lignes, avaient abandonné ces entreprises et qu'il fallait leur rendre la confiance qu'ils avaient perdue. On se mit d'accord pour combiner l'action du gouvernement et celle de l'industrie privée.

L'État, avec le concours des départements et des communes, devait se charger de l'acquisition des terrains. Les terrassements, les ouvrages d'art et les stations seraient exécutés aux frais de l'État. Mais l'exploitation était réservée à des compagnies fermières qui auraient en outre à fournir la voie de fer, y compris le sable ou ballast, et le matériel d'exploitation, et qui restaient chargées de l'entretien et de la réparation du chemin. Les baux passés avec les compagnies, et qui devaient être soumis à l'approbation du législateur, détermineraient la durée et les conditions de l'exploitation, ainsi que le tarif des droits à percevoir sur le parcours. A l'expiration des baux, la valeur de la voie de fer et du matériel devait être remboursée, à dire d'experts, à la compagnie, par celle qui lui succéderait ou par l'État.

Cette nouvelle combinaison avait été recommandée par une commission instituée au ministère des travaux publics en 1839 [1]. Elle avait pour résultat de n'imposer aux compagnies fermières que des dépenses dont l'évaluation pût être faite sans mécomptes et de dégager ainsi l'industrie privée de tout ce qui pouvait nuire à la confiance et éloigner les capitaux; l'État y trouvait l'avantage de pouvoir réduire sensiblement la durée de leur jouissance. D'autre part, on avait cherché à diminuer les charges du Trésor en imposant aux départements et aux communes favorisés par la création des chemins le remboursement des deux tiers des frais d'acquisition des terrains.

L'ensemble du système avait paru bien répondre à la situation de l'esprit public. «Votre commission, disait M. Dufaure dans son rapport, pense qu'il est en ce moment le plus raisonnable qu'on puisse adopter.» La majorité de la commission de la Chambre des députés avait même d'abord

---

[1] On peut voir les termes de son avis dans le rapport fait au nom de la commission de la Chambre des députés à la séance du 16 avril 1842.

proposé d'imposer ce système comme une règle absolue pour toutes les lignes de chemins de fer classées par la loi. Mais tout en l'adoptant, la Chambre ne voulut pas exclure le système des concessions. Après une vive discussion dans laquelle plusieurs orateurs, notamment M. de Lamartine, s'opposèrent énergiquement à toute exception au nouveau système, la Chambre des députés adopta un amendement de M. Duvergier de Hauranne qui ajoutait à l'article 2 la disposition suivante : « Néanmoins ces lignes pourront être concédées en tout ou en partie à l'industrie privée, en vertu de lois spéciales et aux conditions qui seront alors déterminées. »

Un crédit de 125 millions était ouvert à l'État pour entreprendre les grandes lignes qui venaient d'être classées.

Disons immédiatement que la disposition de la loi de 1842, qui imposait aux départements et aux communes une contribution aux dépenses d'expropriation, souleva tant de réclamations qu'elle fut abrogée par une loi du 19 juillet 1845.

A partir de la loi de 1842, une vive impulsion fut donnée aux travaux de chemins de fer. En 1844, 1845 et 1846, les lignes d'Orléans à Bordeaux, du Centre, de Paris à Strasbourg, de Tours à Nantes, de Paris à Rennes furent entreprises dans les conditions de cette loi. Pour d'autres lignes, celles d'Avignon à Marseille, d'Amiens à Boulogne, de Montereau à Troyes, de Paris à la frontière de Belgique, de Creil à Saint-Quentin, de Paris à Lyon, de Lyon à Avignon, de Rouen à Dieppe, de Bordeaux à Cette, les offres avantageuses faites par les compagnies permirent d'en mettre la construction comme l'exploitation à la charge des concessionnaires. Dans certains cas, par exemple pour la ligne du Nord concédée en 1845, le gouvernement obtint le remboursement des sommes qu'il avait déjà dépensées.

La spéculation était même devenue si ardente qu'une loi du 15 juillet 1845 dut interdire le trafic sur les promesses d'actions de chemins de fer. Suivant les circonstances, le gouvernement recourait à l'adjudication publique en faisant porter le rabais sur la durée des concessions qui varia entre vingt-sept et soixante-douze ans[1], et l'on ne

[1] Pour la ligne de Montpellier à Nîmes, l'État l'ayant exécutée sur les fonds du Trésor, fit porter le rabais de l'adjudication du bail sur la redevance à payer par la compagnie qui souscrivait un bail de douze ans.

tarda pas à s'apercevoir de ce qu'il y avait de téméraire dans plusieurs de ces engagements; ou bien il faisait des concessions directes à des compagnies qui paraissaient présenter des garanties considérables. Quelquefois des subventions étaient accordées sur les fonds du Trésor aux compagnies qui se chargeaient de la construction des chemins. Il en fut ainsi pour la ligne de Rouen au Havre et pour celle d'Avignon à Marseille.

Une nouvelle crise commerciale et financière qui éclata en 1847, à la suite d'une mauvaise récolte, vint arrêter ce mouvement. Les valeurs de chemins de fer subirent une grande dépréciation. Les compagnies concessionnaires des chemins de Bordeaux à Cette et de Lyon à Avignon, hors d'état de remplir leurs engagements, furent déclarées déchues.

La révolution de 1848 ne pouvait manquer d'aggraver cette crise. Plusieurs compagnies furent désorganisées et le gouvernement dut mettre sous le séquestre les chemins d'Orléans, de Bordeaux à la Teste, de Marseille à Avignon et de Paris à Sceaux[1]. En outre, une loi du 17 août 1848 autorisa le rachat du chemin de fer de Paris à Lyon. Cette mesure était justifiée par les embarras dans lesquels se trouvait la compagnie; mais on ne donna pas suite au projet de rachat de tous les chemins de fer qui avait été proposé le 17 mai 1848 par la commission exécutive, et qui du reste n'était pas conforme aux engagements pris par l'État dans les cahiers des charges.

Diverses compagnies avaient de la peine à reprendre leurs travaux. Une loi du 19 novembre 1849 accorda à la compagnie de Marseille à Avignon une garantie d'intérêt. Une autre loi du 6 août 1850 vint en aide aux compagnies des chemins de fer d'Orléans à Bordeaux et de Tours à Nantes en prolongeant jusqu'à cinquante ans la durée de leurs concessions et en les déchargeant de diverses obligations que leur imposait leur contrat primitif.

La seule concession qui fut faite de 1848 à la fin de 1851, fut celle de la ligne de Paris à Rennes, déjà ouverte jusqu'à Chartres. L'État prenait à sa charge, conformément à la loi

---

[1] Décrets des 4 avril, 30 octobre, 21 novembre et 29 décembre 1848.

de 1842, tous les travaux faits et à faire pour l'établissement de la plate-forme; il garantissait en outre à la compagnie un intérêt de 4 p. 100 sur les dépenses qu'elle aurait à faire pour la superstructure et le matériel roulant, jusqu'à concurrence de 55 millions. La durée de cette concession, approuvée par la loi du 13 mai 1851, était de quatre-vingt-dix-neuf ans. Ajoutons qu'une loi du 1er décembre 1851 décidait l'adjudication du chemin de Lyon à Avignon.

A la fin de l'année 1851, la longueur totale des chemins concédés, qui en 1848 était de 4,034 kilomètres, était descendue à 3,910. Il restait 1,049 kilomètres décrétés et non concédés, à la construction desquels l'État devait pourvoir. Mais la longueur des chemins exploités s'était élevée de 1,823 kilomètres à 3,546 sur lesquels 383 étaient exploités par l'État[1].

C'était là un résultat très-insuffisant en face des besoins du pays[2]. L'État s'était cependant imposé des charges assez considérables pour cette époque. Il s'était engagé à donner des subventions en argent jusqu'à concurrence de 51 millions, à exécuter des travaux pour 403 millions. De plus il avait promis une somme de 167 millions à titre d'avances remboursables par les compagnies dont un tiers en argent, le reste en travaux.

La première pensée du gouvernement impérial fut de consolider la situation des compagnies pour obtenir d'elles un développement considérable des travaux de chemins de fer.

En portant la durée des concessions à quatre vingt-dix-neuf ans, durée qui n'avait encore été accordée qu'à neuf d'entre elles, il releva rapidement leur crédit; il leur permit de réunir les ressources nécessaires non-seulement pour achever les chemins de fer antérieurement concédés, mais pour décharger à peu près complétement l'État des engagements qu'il avait contractés lui-même et enfin pour accepter une augmentation notable de leur réseau. Dès la fin de l'année 1852, le nombre des kilomètres concédés définitive-

---

[1] Il s'agit des lignes de Paris à Chartres, de Paris à Tonnerre et de Dijon à Châlon, achevées par les ingénieurs de l'État.

[2] A la même époque la Grande-Bretagne avait 11,089 kilomètres de chemins de fer. La Prusse et les divers États allemands en comptaient 5,840; l'Autriche 2,357, la Russie 1,148, la Belgique 868.

ment était monté de 3,910 à 6,895, parmi lesquels figuraient 1,950 kilomètres de lignes nouvelles [1].

En même temps il favorisait une autre combinaison destinée à soutenir et à accentuer plus énergiquement encore le mouvement d'extension des chemins de fer: nous voulons parler de la fusion des compagnies qui s'est opérée de 1852 à 1857 et qui a placé la plus grande partie des lignes entre les mains de six compagnies.

Lorsqu'avait été entreprise la construction du réseau français, on avait naturellement commencé par les grandes lignes destinées à traverser le territoire du nord au sud et de l'est à l'ouest en prenant Paris pour point central, et comme on était loin alors de prévoir le développement que prendraient un jour les chemins de fer, on avait, dans plusieurs cas, allongé les tracés, afin de satisfaire le plus grand nombre possible de villes importantes. On avait ensuite établi des lignes transversales pour desservir les villes populeuses, les ports et les régions industrielles qui ne se trouvaient pas sur le passage des premières lignes, pour rencontrer à la frontière les voies ferrées des autres pays, en vue soit du trafic international, soit des nécessités stratégiques. Il fallait multiplier ces lignes, puis pour répondre aux vœux des populations et aux besoins de l'administration, entrer dans le système des raccourcis et des embranchements, de façon à fournir, autant que possible, un chemin de fer à chaque département et à placer des gares dans les chefs-lieux de préfecture et de sous-préfecture.

Le gouvernement avait essayé dans quelques circonstances de s'adresser, pour l'extension du réseau, à des compagnies nouvelles, notamment à celle du Grand-Central qui, après

---

[1] Les principaux actes rendus pendant l'année 1852 en matière de chemins de fer sont les décrets du 5 janvier 1852 relatif au chemin de Paris à Lyon, — du 19 janvier 1852 relatif à la compagnie des chemins de fer du Nord, — du 25 mars 1852 relatif à la compagnie du chemin de fer de Paris à Strasbourg, — du 27 mars 1852 relatif à la compagnie du chemin de fer d'Orléans, — et les lois du 8 juillet 1852 pour la compagnie du chemin de fer de Lyon à Marseille, — pour la compagnie du chemin de fer de Bordeaux à Cette, — pour la compagnie du chemin de fer de Paris à Cherbourg.

Il faut y joindre, comme se rattachant à la même période, le décret du 10 décembre 1851 qui a concédé le chemin de fer de ceinture (rive droite) à un syndicat des principales compagnies.

avoir obtenu la concession de plus de 1,000 kilomètres en 1853 et 1855, fut obligée de se déclarer impuissante à remplir ses engagements. Mais il reconnut bientôt que les compagnies nouvelles n'offraient et ne pouvaient guère offrir d'entreprendre la construction de lignes généralement peu fructueuses qu'en comprenant dans leurs demandes de concession un certain nombre de lignes qui, sur une portion de leur parcours, auraient fait double emploi avec les chemins existants. Cette concurrence aurait compromis les anciennes compagnies, qu'on s'était appliqué à relever en 1852. Il crut donc plus sage de concentrer les forces existantes en organisant de grands réseaux. Il constitua ainsi les compagnies les plus anciennes et les plus solides, concessionnaires des lignes que suivaient les grands courants commerciaux, sur de larges bases, pour leur permettre d'exécuter, sans compromettre leur avenir, des chemins secondaires que l'initiative privée n'aurait pas entrepris, à cause de l'insuffisance présumée de leur trafic. En les mettant à l'abri de la concurrence, non en droit, mais en fait, pour les lignes qui leur donnaient de grands profits, il pouvait exiger d'elles des sacrifices importants et faire pénétrer les chemins de fer dans toutes les portions du territoire.

Ces fusions avaient un autre avantage. Elles permettaient d'établir une certaine unité dans le service, d'éviter les transbordements des voyageurs et des marchandises, de diminuer les frais généraux d'administration, enfin et surtout d'imposer aux compagnies un cahier des charges uniforme et le même maximum de tarifs.

La fusion des compagnies fut notablement favorisée par la législation de cette époque. On sait en effet que l'article 4 du sénatus-consulte du 25 décembre 1852 donnait à l'Empereur le droit d'autoriser tous les travaux publics, quelle que fût leur importance, par des décrets rendus en Conseil d'État, et qu'il n'était nécessaire de soumettre les conventions passées avec les compagnies concessionnaires à l'approbation du Corps législatif que lorsqu'elles stipulaient des engagements financiers à la charge du Trésor.

Dès 1852, on vit se former les trois groupes du Nord, de Paris à Orléans avec prolongements et de Lyon à la Méditerranée; en 1853, ceux du Midi et de l'Est. La compagnie de Paris à Lyon absorba elle-même plusieurs petites lignes. En 1855, se constitua la nouvelle compagnie de l'Ouest. Enfin, en 1857, les compagnies de Paris à Lyon et de Lyon à la Méditerranée se réunirent au moment où elles recueillaient une partie de la succession du Grand-Central.

Le chiffre des compagnies, qui s'était élevé à 33 en 1846, était tombé successivement à 24 en 1855, à 11 en 1857; il était à peu près réduit à 6 en 1859 [1].

Par suite des concessions faites de 1852 à 1855, le gouvernement avait successivement porté le chiffre total des lignes concédées à 11,846. Il avait paru nécessaire, en 1852 et 1853, d'accorder aux compagnies des subventions et même des garanties d'intérêt [2]. Vers la fin de l'année 1853, et en 1854 et 1855, l'État obtenait généralement des conditions plus favorables.

En 1857, au moment même où la compagnie du Grand-Central, obligée d'en venir à une liquidation, transmettait à la compagnie d'Orléans et à la compagnie de Paris à Lyon et

---

[1] Ce sont : 1° la compagnie du Nord qui, dès 1847, avait absorbé la compagnie de Creil à Saint-Quentin et qui s'est fusionnée en 1852 avec celle d'Amiens à Boulogne (la concession prend fin le 31 décembre 1950) ;

2° La compagnie d'Orléans, qui a réuni les compagnies de Paris à Orléans, du Centre, d'Orléans à Bordeaux et de Tours à Nantes (la concession prend fin le 31 décembre 1956) ;

3° La compagnie de Paris à Lyon et à la Méditerranée, formée par la réunion des deux compagnies de Paris à Lyon et de Lyon à la Méditerranée qui s'étaient elles-mêmes constituées par des fusions partielles ; cette compagnie a englobé en 1857 les lignes de Lyon à Genève et du Bourbonnais, et en 1858 celle du Dauphiné (la concession prend fin le 31 décembre 1958) ;

4° La compagnie de l'Est, qui a joint à la ligne de Paris à Strasbourg celles de Montereau à Troyes, de Blesmes à Gray et de Strasbourg à Bâle, et en 1859 celle des Ardennes (la concession prend fin le 27 novembre 1954) ;

5° La compagnie de l'Ouest, dans laquelle ont été réunies les compagnies de Paris à Saint-Germain, de Paris à Rouen, de Rouen au Havre, à Dieppe et à Fécamp, de l'Ouest ancien, de Paris à Caen et à Cherbourg (la concession prend fin le 31 décembre 1956) ;

6° La compagnie du Midi, créée en 1852, qui avait reçu d'abord la ligne de Bordeaux à Cette, abandonnée par ses concessionnaires primitifs, et qui y a joint bientôt les lignes de Bordeaux à Bayonne et de Narbonne à Perpignan (la concession prend fin le 31 décembre 1960).

[2] Le nombre des concessions faites avec garantie d'intérêt soit aux compagnies anciennes, soit à des compagnies nouvelles, s'élève à dix en 1852, à cinq en 1853, à deux en 1855.

à la Méditerranée les concessions qui lui avaient été faites, le gouvernement obtint encore des grandes compagnies un effort considérable. Non-seulement il leur concéda des lignes nouvelles dont l'étendue était de 2,597 kilomètres, mais il obtint d'elles d'accepter cet ensemble de lignes sans subvention ni garantie d'intérêt; il profita également de cette occasion pour imposer à plusieurs d'entre elles un nouveau cahier des charges qui, entre autres innovations, aggravait dans une certaine mesure leurs obligations pour les services publics [1]. C'est à la suite de ces concessions si avantageuses pour l'État que se produisit la crise qui amena les conventions de 1859.

II

A la fin de l'année 1857, on comptait 16,069 kilomètres de chemins de fer concédés [2], qui se trouvaient répartis entre les six grandes compagnies, sauf 1,004 kilomètres qui étaient partagés entre huit compagnies secondaires.

Les grandes compagnies avaient dépensé, de 1852 à 1857, plus de 2 milliards, et elles étaient arrivées à exploiter 7,453 kilomètres de chemins. Les engagements qu'elles avaient pris mettaient à leur charge plus de 2 milliards de travaux. Après avoir remanié et épuisé leur capital en actions, elles avaient à faire un large appel au crédit en émettant des obligations.

Tout à coup le public qui, dans les premiers temps de l'Empire, avait témoigné une extrême confiance pour les entreprises de chemins de fer et même un engouement qu'il avait fallu tempérer, manifesta une grande défiance. Une crise financière et commerciale qui éclata à la fin de l'année 1857, et qui s'étendait à toutes les places de commerce, amena une dépréciation considérable des actions de chemins

---

[1] C'est seulement en 1859 que le nouveau cahier de charges a été rendu applicable aux compagnies de l'Est et de l'Ouest.

[2] 14,241 kilomètres seulement étaient concédés définitivement; 1,828 kilomètres, pour lesquels les études n'étaient pas complètes, avaient été concédés éventuellement, avec la faculté pour le gouvernement comme pour les compagnies d'en provoquer la concession définitive dans un délai de quatre ans. Le système des concessions éventuelles avait commencé à se produire en 1852.

de fer. L'émission des obligations devint difficile et ne se fit plus qu'à des conditions onéreuses. On disait que les compagnies de chemins de fer avaient notablement aggravé leur situation financière en acceptant la concession, sans subvention ni garantie d'intérêt, d'un ensemble de lignes secondaires d'une grande étendue, d'une dépense considérable, d'un produit incertain, que les nouvelles lignes étaient pour les anciens réseaux une cause permanente et irrémédiable de dépréciation.

Les compagnies, paralysées par cette défiance, s'adressèrent au gouvernement et demandèrent la révision de leurs contrats. C'était là une mesure grave. En droit rigoureux, elles n'avaient rien à réclamer; mais le gouvernement s'inspirant des précédents que nous avons eu déjà à signaler, pensa qu'il ne serait pas sage de se tenir sur le terrain du droit strict. Tout en déclarant que les inquiétudes du public lui paraissaient notablement exagérées, il considéra que le crédit public était intimement lié avec celui des compagnies, et que l'œuvre du réseau des chemins de fer avait un intérêt si puissant qu'il fallait faire des sacrifices pour éviter d'en compromettre l'achèvement. Dès 1858, il annonça par une note inséré au *Moniteur* que la situation des compagnies serait examinée avec sollicitude, et en 1859 il vint soumettre au Corps législatif de nouvelles conventions.

Ainsi qu'il le faisait observer dans l'exposé des motifs du projet de loi, deux systèmes pouvaient être employés pour venir en aide aux compagnies et consolider leur crédit. On pouvait supprimer ou ajourner indéfiniment dans chaque réseau les lignes présumées les moins productives. Mais cette combinaison paraissait injuste et impolitique à l'égard des populations qui considéraient les chemins de fer comme une condition essentielle de leur prospérité.

Si l'on maintenait les charges imposées aux compagnies, il fallait leur procurer des ressources soit par des subventions en argent ou en travaux, soit en généralisant le système de la garantie d'intérêt qui avait été appliqué pour la première fois en 1840, repris dans deux autres occasions en 1849 et 1851 et qui, depuis 1852, avait été assez fréquemment mis en pratique.

Le système de la garantie d'intérêt qui n'exigeait pas un

2

sacrifice immédiat de la part du Trésor, qui d'ailleurs ne lui imposait qu'une avance remboursable par les compagnies, parut préférable; les subventions furent réservées pour les cas exceptionnels.

Mais on n'eût pas relevé le crédit des compagnies en garantissant l'intérêt des sommes engagées dans la totalité de leurs lignes. Les bénéfices réalisés sur les lignes anciennes et prospères auraient été tout entiers consacrés à couvrir le déficit des lignes moins fructueuses, et la garantie de l'État aurait à peine suffi dans la plupart des cas pour couvrir l'intérêt des obligations seules. Il parut équitable de faire une distinction entre les lignes anciennes et les nouvelles. On pouvait admettre que, lors de la concession des nouvelles lignes, la pensée commune de l'État et des compagnies avait été que les situations acquises, les bénéfices normaux des anciennes lignes ne seraient pas atteints et que les nouvelles lignes, soit par leurs revenus propres, soit par l'accroissement de trafic qu'elles apporteraient aux lignes principales, couvriraient l'intérêt et l'amortissement de leur capital. On était ainsi conduit à séparer les lignes récemment concédées et les lignes anciennes, c'est-à-dire, en général, les lignes concédées avant 1857 [1]. Pour les premières, un revenu normal leur était *réservé*; pour les autres, l'intérêt du capital qui y serait consacré, était garanti dans une certaine mesure.

La commission du Corps législatif chargée d'examiner le projet de loi s'associa à la pensée du gouvernement. Elle avait examiné à cette occasion, ainsi que le rappelait son rapporteur, M. le baron de Jouvenel, tous les procédés possibles d'exécution des chemins de fer; elle rappelait que le système d'exécution des chemins de fer par l'État avait été discuté et repoussé à plusieurs reprises, elle repoussait à son tour les doctrines radicales et pensait que ce qu'il y avait de plus sage, c'était d'employer les moyens qui répondaient le mieux aux besoins du moment [2].

[1] Pour la compagnie de l'Est, il s'agissait de chemins concédés en 1853 et qui étaient déjà en partie livrés à l'exploitation, mais qui imposaient à la compagnie de très lourdes charges.

[2] L'exposé des motifs du projet de loi rédigé par M. de Vuillefroy, président de la section des travaux publics au Conseil d'État, a été inséré dans le *Moniteur* du 23 février et du 4 mars. Le rapport de M. de Jouvenel l'a été au *Moniteur* du 8 mai.

Voici la combinaison qui a été ratifiée par la loi du 11 juin 1859.

Les concessions de chaque compagnie sont divisées, au point de vue de l'application de la garantie d'intérêt, en deux sections distinctes, désignées sous les noms d'ancien réseau et de nouveau réseau.

Le nouveau réseau jouit seul d'une garantie d'intérêt en cas d'insuffisance de ses produits nets. Mais cette garantie, dont le point de départ a été fixé au 1er janvier 1863, sauf pour la compagnie de l'Est qui l'a obtenue à partir du 1er janvier 1864, est limitée dans les conditions suivantes. Le capital auquel elle s'applique est déterminé dans la convention, d'après les évaluations du maximum des dépenses auxquelles elles ont paru devoir donner lieu. Elle ne doit durer que cinquante ans; ce terme a paru suffire pour permettre au trafic de se développer et pour assurer l'avenir de l'entreprise. Le taux de l'intérêt est fixé à 4 p. 100. On y ajoute l'amortissement calculé au même taux, ce qui porte le taux total de la garantie à 4,65 p. 100. De plus l'État ne fait qu'une avance aux compagnies : il est stipulé que les sommes qu'il aura pu verser, à titre de garantie d'intérêt, lui seront remboursées, avec les intérêts à 4 p. 100, dès que l'intérêt qu'il garantit aura été dépassé, et à quelque époque que cet excédant se produise.

Tel est le sort fait au nouveau réseau. Quant à l'ancien réseau, aucune garantie d'intérêt n'est plus accordée aux compagnies[1]; les conventions ont seulement réservé les droits des tiers pour les garanties accordées par des actes antérieurs à certaines lignes qui s'y trouvent comprises. Mais les droits du Trésor public eussent été sacrifiés si les produits des lignes de l'ancien réseau et de celles du nouveau eussent été absolument séparés. Il est évident que le nouveau réseau, qui est en général un affluent de l'ancien, doit contribuer à l'accroissement du trafic des lignes primitivement établies. D'autre part, les compagnies eussent pu être tentées de détourner le trafic de quelques lignes nouvelles pour favoriser des lignes parallèles comprises dans l'ancien réseau. Il a donc été stipulé que toute la portion du revenu

---

[1] Une exception a été faite pour la compagnie du Midi.

de l'ancien réseau qui excéderait un certain chiffre déterminé par chaque kilomètre serait déversée comme supplément de recettes sur le nouveau réseau et viendrait couvrir, jusqu'à due concurrence, l'intérêt garanti par l'État.

Pour calculer le revenu réservé à l'ancien réseau, et ce calcul a été fait spécialement pour chaque compagnie, on a tenu compte d'abord de la moyenne des dividendes distribués aux actionnaires dans les dernières années, en leur faisant subir cependant une certaine réduction; on y a ajouté le montant des sommes nécessaires pour couvrir l'intérêt et l'amortissement des obligations émises pour les dépenses de l'ancien réseau; on y a joint enfin la différence entre l'intérêt et l'amortissement garantis par l'État pour le second réseau, soit 4,65 p. 100 et les charges qu'il a paru vraisemblable que les compagnies auraient à supporter pour l'intérêt et l'amortissement de leurs obligations, soit 5ᶠ,75, différence qui s'élève à 1ᶠ,10 p. 100 du capital affecté au second réseau.

C'est seulement lorsque ce revenu ainsi calculé et ramené à un chiffre kilométrique est dépassé que les produits de l'ancien réseau sont affectés à compléter les recettes du second réseau, et l'on comprend que des ingénieurs des ponts et chaussées aient été conduits à employer le mot de *déversoir* pour caractériser cette combinaison.

Enfin, en compensation des avantages qui leur étaient accordés, toutes les compagnies se sont engagées à partager avec l'État, à partir de l'année 1872, la portion de leur revenu qui excéderait un chiffre déterminé. On généralisait ainsi une clause déjà stipulée au profit de l'État, dans diverses conventions antérieures passées en 1845, 1852, 1853 et 1857 avec les compagnies de l'Est, du Midi, du Grand-Central, de Paris à Lyon et à la Méditerranée et d'Orléans.

Ce n'est pas ici le lieu de préciser avec les détails nécessaires le jeu des combinaisons que nous venons d'indiquer : garantie d'intérêt pour le nouveau réseau, revenu réservé dans les limites du déversoir pour l'ancien réseau, enfin partage des bénéfices. Nous y reviendrons en étudiant spécialement les conventions financières passées avec les compagnies. Il faut ajouter toutefois que la conséquence de ce système a été d'obliger les compagnies à soumettre au contrôle de l'État le compte de premier établissement et le compte d'exploitation des lignes tant de l'ancien que du nouveau réseau. Les stipulations qui avaient été écrites à cet égard dans les conventions de la même nature furent étendues à l'ensemble des réseaux. D'après les conventions de 1859, le compte de premier établissement devait être clos dans le délai de cinq ans après la mise en exploitation des lignes.

Sur les 16,439 kilomètres qui se trouvaient concédés à cette époque, 8,500 étaient classés dans le nouveau réseau. Le capital garanti s'élevait au chiffre de 3,132,000,000 de fr. Il correspondait à une annuité maximum de 145,800,000 fr. Mais les résultats de l'exploitation des anciennes lignes permettaient de prévoir que la garantie d'intérêt était plutôt nominale qu'effective pour plusieurs compagnies, et, pour les autres, le rapporteur de la commission du Corps législatif chargée d'examiner ce projet de loi, M. de Jouvenel, exprimait l'opinion que la charge de l'État ne dépasserait pas 15 millions de francs par an. En admettant qu'elle s'élevât à 30 millions, il ne pensait pas que le sacrifice du Trésor fût disproportionné au résultat qu'il s'agissait d'obtenir.

A l'égard des compagnies de l'Ouest et du Midi, il n'avait pas paru suffisant de leur accorder la garantie d'intérêt pour les lignes du nouveau réseau. Les conventions mettaient à la charge de l'État l'exécution, dans les conditions de la loi de 1842, du chemin de fer de Rennes à Brest et des chemins des Pyrénées, dont il était établi que les dépenses dépasseraient très-notablement les évaluations primitives[1].

Par suite des conventions de 1859, le crédit des compagnies se releva rapidement ; elles purent émettre facilement des obligations[2]. Une grande activité fut imprimée aux tra-

---

[1] Il n'est peut-être pas inutile de relever ici un détail des conventions qui établit une dérogation à la loi de 1842. Dans le système de cette loi, les frais de construction des stations étaient à la charge de l'État comme les frais d'acquisition des terrains, les terrassements, les ouvrages d'art et les maisons de garde des passages à niveau. Dans la convention de 1859, et cette disposition a été constamment reproduite dans les cas analogues, les dépenses de ce qu'on a appelé la superstructure ont été mises à la charge des compagnies, y compris les stations, mais en exceptant les maisons de garde.

[2] Toutes les dépenses nouvelles, depuis les conventions de 1859, ont été faites uniquement avec les fonds provenant d'obligations et sans que le capital social en actions ait été augmenté, sauf pour la compagnie d'Orléans. Jusqu'en 1851 les compagnies n'avaient recours aux emprunts, soit en

vaux, et elles arrivèrent à livrer chaque année, en moyenne, plus de 700 kilomètres à l'exploitation.

Mais sous la pression de l'opinion publique, dont les députés au Corps législatif se faisaient les organes dans chaque session, le réseau n'a cessé de s'étendre de 1859 à 1870. Le gouvernement a eu recours à deux procédés : tantôt il a remanié les conventions passées avec les nouvelles compagnies, tantôt il a encouragé la formation de compagnies nouvelles.

La réforme économique réalisée par les traités de commerce de 1860 rendait plus nécessaire que jamais le développement des voies ferrées pour assurer à l'industrie et au commerce les moyens de soutenir la lutte contre la concurrence étrangère. Deux lois, du 1er août 1860 et du 2 juillet 1861, décrétèrent l'exécution l'une de sept lignes, l'autre

obtenant des prêts de l'État, soit en émettant des obligations, qu'à titre exceptionnel, pour faire face à des dépenses imprévues ou à des embarras financiers. Au 31 décembre 1850, le capital social représentait encore environ 80 p. 100 des dépenses faites ou à faire par les compagnies. En 1851, de nouveaux procédés commencent à se faire jour, et déjà en 1855 le capital social des diverses compagnies n'était plus que de 40 p. 100 des dépenses. Les émissions d'obligations faites depuis les conventions de 1859, 1863 et 1869 ont singulièrement modifié cet état de choses. A la date du 1er janvier 1870, le nombre des actions créées ou émises pour toutes les compagnies de chemins de fer d'intérêt général était de 3,217,417 ; le capital réalisé s'élevait à 1,539,917,915 francs. A la même date, le nombre des obligations émises était de 17,928,192 et le capital réalisé s'élevait à 5,526,942,178 francs.

Un pareil système, dont les inconvénients sont singulièrement corrigés par la situation spéciale faite aux grandes compagnies, offrait des dangers graves quand il s'agissait de constituer des compagnies nouvelles. Les pouvoirs publics s'en sont préoccupés à diverses reprises depuis 1871. Nous ne pouvons pas traiter ici cette question d'une manière incidente. Il convient seulement de signaler que, dans la discussion de la loi du 23 mars 1874 relative à diverses concessions de chemins de fer, un débat s'est élevé à ce sujet sur une proposition faite par M. Jozon et soutenue par M. Caillaux. L'article 8 de cette loi, spécial à une des lignes déclarées d'utilité publique par la loi, interdit l'émission d'obligations pour une somme supérieure au montant du capital réalisé en actions. Cette disposition consacre, dans une large mesure, la pratique suivie par le gouvernement conformément à l'avis du Conseil d'État, à l'égard des sociétés concessionnaires de chemins de fer d'intérêt local. Plusieurs pays étrangers, l'Angleterre, la Belgique, la Prusse, l'Espagne, ont une législation analogue. On peut consulter sur ce point une note insérée dans le *Bulletin de la Société de législation comparée* (juin 1874) et qui a été rédigée par M. Demongeot, maître des requêtes au Conseil d'État.

de vingt-cinq lignes nouvelles, comprenant une longueur de 1,709 kilomètres, et autorisèrent le gouvernement à en commencer immédiatement les travaux, sans attendre qu'on eût trouvé les compagnies concessionnaires qui pourraient se charger de les exécuter et de les exploiter. Deux années s'étaient à peine écoulées que tous les chemins compris dans les lois de 1860 et 1861 étaient concédés, soit aux grandes compagnies, soit à des compagnies nouvelles. C'est de cette époque que datent la compagnie des chemins de fer des Charentes et celle des chemins de la Vendée.

Cela ne suffisait pas. Plusieurs compagnies, notamment celles des chemins de fer de l'Ouest et de l'Est, avaient reconnu que les estimations des dépenses d'un certain nombre de lignes du nouveau réseau d'après lesquelles les conventions de 1859 avaient fixé le maximum du capital donnant lieu à la garantie d'intérêt, étaient très-insuffisantes. Elles sollicitaient un remaniement des conventions pour rectifier cette erreur. L'État, en consentant à rouvrir les négociations pour faire disparaître des obstacles qui auraient entravé l'essor des chemins de fer, augmenta le réseau concédé à chacune des compagnies.

D'après les conventions ratifiées par les lois du 1er mai et du 11 juin 1863, le classement des lignes entre l'ancien et le nouveau réseau était modifié pour plusieurs compagnies, des lignes nouvelles étaient ajoutées au nouveau réseau, le chiffre maximum auquel avaient été évaluées les dépenses soit de l'ancien, soit du nouveau réseau, était élevé pour la plupart des compagnies. Par suite, le capital sur lequel portait la garantie de l'État était, en général, augmenté, et le chiffre du revenu réservé de l'ancien réseau augmenté ou diminué suivant les cas. Enfin, pour les nouvelles concessions, les compagnies obtenaient, sauf de rares exceptions, en outre de la garantie d'intérêt, des subventions qui représentaient la dépense nécessaire pour la construction de la plate-forme, c'est-à-dire la dépense que l'État aurait prise à sa charge si les chemins avaient été exécutés dans les conditions de la loi de 1842. Mais pour ne pas surcharger le budget, l'État se réservait le droit de ne payer les subventions qu'au moyen de l'allocation de quatre-vingt-huit annuités, comprenant l'intérêt et l'amortissement au taux de 4 1/2 p. 100.

La longueur totale des chemins de fer concédés fut portée par la loi de 1863 à 20,629 kilomètres, y compris 1,338 kilomètres concédés seulement à titre éventuel. 11,111 étaient classés dans le deuxième réseau, et le capital garanti s'élevait à 3,988,500,000 francs.

Les compagnies avaient en outre accepté une réduction de tarif sur certaines marchandises. Il était créé une quatrième classe comprenant notamment la houille, les marnes et les engrais.

C'est à cette époque que fut tranchée, après un long débat, la question, soulevée par la compagnie du Midi, de la concession d'un chemin direct de Cette à Marseille par la plage, faisant concurrence aux lignes établies sur ce point du territoire par la compagnie de Paris à Lyon et à la Méditerranée. En refusant la concession sollicitée par la compagnie du Midi, le gouvernement et le législateur imposèrent à la compagnie de Paris à la Méditerranée des conditions de nature à satisfaire l'intérêt public.

C'est aussi à la même époque que la compagnie de Paris à Lyon et à la Méditerranée se chargea de l'exécution des chemins de fer d'Algérie concédés en 1860 à une compagnie qui ne pouvait venir à bout de sa tâche.

En 1867, la même compagnie accepta la rétrocession dans des conditions spéciales et avec garantie d'intérêt de la partie située en France du réseau du chemin de fer Victor-Emmanuel.

Les conventions de 1859 et de 1863 furent encore assez gravement modifiées en 1868 et 1869. On procéda à un remaniement du classement des lignes entre l'ancien et le nouveau réseau de façon à enlever aux compagnies tout intérêt à faire diminuer les recettes du nouveau réseau au profit de l'ancien. Les chiffres du capital garanti du deuxième réseau, du revenu réservé, du partage des bénéfices, furent par suite modifiés.

Ce qui caractérise particulièrement les conventions de 1868 comparées à celles de 1863, c'est qu'en 1863 les compagnies de l'Ouest, de l'Est et du Midi étaient seules à se plaindre de l'inexactitude des évaluations de dépenses qui avaient servi de base au règlement de leurs intérêts en ce qui concerne les lignes rangées dans l'ancien réseau et celles qui étaient rangées dans le nouveau. En 1868, toutes les compagnies, sauf celle d'Orléans, faisaient entendre les mêmes réclamations, et dans les exposés des motifs des projets de loi tendant à ratifier les conventions, le gouvernement expliquait ce fait par l'augmentation toujours croissante du prix des terrains à exproprier, l'accroissement des frais de main-d'œuvre, le développement du trafic, qui entraîne, comme conséquence nécessaire, des achats de matériel roulant, l'agrandissement des gares, la pose de doubles voies[1]. Aussi les nouvelles conventions ne se bornaient pas à rectifier les chiffres des évaluations de dépenses de l'ancien et du nouveau réseau; elles admettaient en outre qu'il pourrait être exécuté, en sus de ce maximum, de nouvelles dépenses de premier établissement, soit sur l'ancien, soit sur le nouveau réseau, pendant un délai de dix ans, et que ces dépenses, qui seraient contrôlées par le gouvernement en Conseil d'État, entraîneraient, si elles étaient faites sur l'ancien réseau, une augmentation du revenu réservé, et si elles étaient faites sur le nouveau, d'abord une augmentation du capital garanti, ensuite une augmentation du revenu réservé qui doit pour-

---

[1] Dans un discours prononcé à la séance du 3 juin 1868, M. de Franqueville s'est expliqué sur les différents éléments du prix d'établissement des chemins de fer. Il a notamment indiqué que les indemnités fixées par les jurys d'expropriation s'étaient élevées pour le chemin de Toulouse à Bayonne dans les départements de la Haute-Garonne, des Hautes-Pyrénées, des Basses-Pyrénées et des Landes, à 22,800 fr., 28,117 fr., 38,739 fr., 83,700 fr. par kilomètre, pour la ligne de Lisieux à Honfleur à 90,000 fr. par kilomètre, et pour la ligne du Var à la frontière d'Italie à 272,990 fr., ce qui donne, à raison de 3 hectares par kilomètre, une somme de 7,500, 9,300, 12,700, 27,900, 30,000 et 91,000 fr. par hectare. Pour les 8,197 mètres de la ligne du Var à la frontière d'Italie qui traversent les communes de Monaco et de Menton, les indemnités sont montées à 564,200 fr., soit 188,000 fr. par hectare. Il est vrai qu'on doit comprendre dans les indemnités d'expropriation non-seulement le prix des terrains acquis pour le chemin de fer, mais en outre la dépréciation des terrains qui restent entre les mains du propriétaire riverain dans des conditions souvent gênantes pour l'exploitation. Néanmoins il y a dans les chiffres que nous venons de citer des évaluations qu'il était difficile de prévoir.

Nous devons signaler aussi les remarquables mémoires publiés en 1865 et 1868 par M. Ruelle, ingénieur en chef des ponts et chaussées, l'un sur *les dépenses de construction, d'administration et d'exploitation du chemin de fer franco-suisse*, l'autre sur *les chemins de fer à bon marché*.

voir, on l'a déjà indiqué, à une partie des charges du nouveau réseau.

Nous exposerons plus loin avec détails les modifications apportées aux rapports financiers de l'État avec les compagnies ; ce qu'il est plus essentiel de relever en ce moment, c'est que, par suite des conventions nouvelles, 898 kilomètres de chemins de fer étaient ajoutés à titre définitif aux concessions des compagnies de l'Ouest, d'Orléans, de Lyon, du Midi, de l'Est et des Charentes. 653 étaient concédés à titre éventuel. Une convention analogue passée avec la compagnie du Nord fut approuvée par une loi du 22 mai 1869. Par suite des conventions de 1868-1869, les grandes compagnies réunissaient dans leurs mains 21,059 kilomètres de chemins de fer sur lesquels 10,828 étaient classés dans le nouveau réseau. Le capital garanti par l'État pour les lignes du nouveau réseau était fixé à 3,797,629,712 francs[1].

Mais en même temps, pour satisfaire aux vœux des populations, le gouvernement, reprenant le procédé employé en 1861, proposa et le Corps législatif vota la création de dix-sept lignes nouvelles d'une longueur de 4,841 kilomètres pour lesquelles aucun concessionnaire n'était indiqué. Le ministre des travaux publics était autorisé à les entreprendre dans les conditions de la loi de 1842 et dans les limites des crédits qui lui seraient alloués[2].

Plusieurs des lignes décrétées par la loi du 18 juillet 1868 trouvèrent assez rapidement des concessionnaires par voie de négociation ou d'adjudication. En outre un décret du 22 mai 1869, ratifié par une loi, concéda diverses lignes dans les départements du Nord, du Pas-de-Calais et de l'Aisne à une compagnie dite du Nord-Est.

Ce développement du réseau des chemins de fer d'intérêt

---

[1] On remarquera que, malgré la concession de nouvelles lignes ajoutées au second réseau, ce chiffre est inférieur de près de 200 millions au chiffre fixé en 1863. Cela tient à ce que la compagnie de Paris à Lyon et à la Méditerranée a pu faire passer en 1868 dans l'ancien réseau, qui ne donne pas lieu à la garantie de l'État, 1,566 kilomètres de lignes sur un total de 3,207 qui avaient été classés dans le nouveau réseau en 1863.

[2] Toutefois il était autorisé à mettre en adjudication deux lignes, celles de Lérouville à Sedan et de Saint-Nazaire au Croisic, pour lesquelles des propositions lui avaient été faites.

général se produisait indépendamment de l'application de la loi du 12 juillet 1865 sur les chemins de fer d'intérêt local dont les conseils généraux commençaient à faire usage.

A la fin de l'année 1870, la longueur totale des concessions d'intérêt général s'élevait à 23,401 kilomètres dont 17,464 étaient livrés à l'exploitation.

La funeste guerre de 1870 laisse une trace particulière dans l'histoire des chemins de fer. Il a fallu que, par le traité de Francfort, l'État s'engageât à reprendre à la compagnie des chemins de l'Est, pour la céder à l'Allemagne, une partie du réseau de cette compagnie, d'une étendue de 835 kilomètres dont 459 appartiennent à l'ancien réseau, 367 au nouveau. Le réseau de la compagnie a été reconstitué par une convention du 17 juin 1873, approuvée par l'Assemblée nationale après une longue discussion dans laquelle le système des garanties d'intérêt a été vivement critiqué, et qui concède à cette compagnie 358 kilomètres de lignes nouvelles, comprises dans le second réseau.

Parmi les mesures qu'a prises l'Assemblée nationale actuelle en matière de chemins de fer, au point de vue de la constitution du réseau, nous avons encore à signaler, indépendamment de quelques actes relatifs à des lignes isolées, la loi du 23 mars 1874. Cette loi a transformé en concessions définitives une série de concessions éventuelles faites en 1868 aux grandes compagnies et à la compagnie des Charentes et a autorisé la mise en adjudication de deux des lignes classées par la loi du 11 juillet 1868 et qui restaient à exécuter, ajoutant ainsi une longueur de 677 kilomètres au réseau des chemins de fer d'intérêt général. Les lignes concédées éventuellement aux grandes compagnies en 1868 sont, en vertu de la nouvelle loi et conformément aux conventions rendues définitives, classées généralement dans le nouveau réseau. Elles donnent lieu en outre à des subventions et même, pour plusieurs d'entre elles, l'État doit exécuter les travaux dans les conditions de la loi de 1842.

Mais tout en approuvant les propositions du gouvernement, la commission de l'Assemblée nationale a fait remarquer qu'en présence de la situation du Trésor, « il serait prudent de n'appliquer désormais le système des lois de 1859, 1863 et 1868 qu'aux lignes à ouvrir dans les régions montagneuses et exceptionnellement difficiles de la France ou aux lignes stratégiques dont l'exécution ne saurait être retardée et de laisser en grande partie à l'initiative, soit des compagnies existantes, soit de compagnies nouvelles, le soin de compléter notre réseau de chemins de fer ».

C'est du reste ainsi qu'on avait procédé pour la concession à la compagnie du Nord des lignes de Monsoult à Amiens et de Cambrai à la frontière belge. La loi du 15 juin 1872 a placé ces lignes en dehors de l'ancien et du nouveau réseau [1].

Il faut en outre signaler le mouvement très-considérable qui s'est produit de 1871 à 1874 dans le sein des conseils généraux pour l'application de la loi sur les chemins de fer d'intérêt local, et qui a abouti jusqu'ici à la concession de 4,177 kilomètres dont 1,480 sont exploités.

En résumé, le développement total des chemins de fer d'intérêt général concédés définitivement s'est ainsi trouvé porté à 23,735 kilomètres, sur lesquels 19,035 étaient en exploitation au 31 octobre 1874 [2].

Sur ce chiffre total les concessions des six grandes compagnies s'élèvent à 20,697 kilomètres ainsi répartis :

A la compagnie de l'Est. . . . . 2,632 kil.
A celle du Midi. 2,573
A celle du Nord. . . . . : 1,989
A celle d'Orléans. 4,350
A celle de l'Ouest. 2,913
A celle de Paris à Lyon et à la Méditerranée. . 6,240 [3]

[1] A la date du 5 août 1874, le gouvernement a soumis à l'Assemblée nationale une convention importante passée avec la compagnie des chemins de fer de Paris à Lyon et à la Méditerranée pour la concession de vingt nouvelles lignes présentant ensemble une longueur de 855 kilomètres. Ces concessions seraient faites sans subvention ni garantie d'intérêt.

[2] A la fin de l'année 1873, il y avait en Europe 128,619 kilomètres de chemins de fer en exploitation. On en compte 25,879 kilomètres dans la Grande-Bretagne, 24,103 en Allemagne, 15,917 en Autriche-Hongrie, 15,897 en Russie, 6,881 en Italie, 5,426 en Espagne, 3,310 en Belgique. L'Amérique en possède 126,639 kilomètres, dont 113,700 aux États-Unis et 6,275 au Canada. Il en existe en Afrique 2,003 kilomètres répartis à peu près exclusivement entre l'Égypte (1,193 kilomètres) et l'Algérie (513 kilomètres). En Asie, on en compte 10,455, dont 9,450 aux Indes anglaises. Enfin l'Australie en possède 2,355 kilomètres. Le total des chemins de fer du globe, à la fin de l'année 1873, s'élève à 270,071 kilomètres (*Almanach de Gotha* pour l'année 1875).

[3] Sans compter les chemins de fer d'Algérie dont l'étendue est de 513 kil.

Les compagnies nouvelles (et nous ne parlons ici que de celles qui sont concessionnaires de chemins d'intérêt général) sont sensiblement plus nombreuses qu'en 1859. On en compte vingt-neuf; mais il n'y en a que huit qui aient une concession supérieure à 100 kilomètres. Les plus importantes sont la compagnie des Charentes qui a obtenu la concession de 719 kilomètres, en y comprenant la ligne de Niort à Ruffec concédée en 1874; celle de la Vendée qui, avec la ligne de Tours à Montluçon, a 449 kilomètres, et celles du Nord-Est et d'Orléans à Châlons-sur-Marne qui ont environ 300 kilomètres.

III

On voit par combien de phases diverses a passé la constitution du réseau des chemins de fer en France et combien de procédés différents le gouvernement et le législateur ont cru devoir employer pour arriver au résultat considérable que nous avons obtenu.

Le système mixte, qui avait les préférences des auteurs de la loi du 11 juin 1842, a été moins fréquemment suivi que celui des concessions complètes. Il a été employé surtout dans les années qui ont suivi la loi jusqu'en 1846. Après l'avoir abandonné, on y est revenu en 1851, puis il a été de nouveau abandonné dans les années où le réseau s'est le plus rapidement développé. C'est seulement à partir de l'année 1857 qu'on en a fait de nouvelles applications, soit pour les lignes dont les dépenses paraissaient devoir être notablement hors de proportion avec les recettes, soit pour celles que les populations réclamaient et qui ne trouvaient pas de concessionnaires.

Néanmoins, à part de rares périodes de confiance ou d'engouement qui ont marqué les années 1844 à 1846 et les années 1852 à 1857, l'assistance de l'État a toujours été réclamée par les concessionnaires et leurs moments de hardiesse ont presque toujours été suivis, à bref délai, d'un découragement excessif. A peine l'œuvre en était-elle à ses débuts que nous voyons se produire une première crise toute spéciale en 1839; une seconde survient en 1847 et est bientôt aggravée par les événements politiques de 1848. Après le développement considérable du réseau qui marque les années 1852 à 1857, une crise nouvelle paraît réclamer des remèdes plus énergiques que ceux qui avaient été employés jusque-là. L'État, qui avait d'abord soutenu les compagnies naissantes par des prêts d'argent, puis par des réductions de leurs charges, par l'allocation de subventions, par un concours à l'exécution des travaux, les fortifie par la prolongation du délai des concessions, par les encouragements donnés aux fusions et à la constitution de grands réseaux placés entre les mains de compagnies puissantes. Une nouvelle crise, qui se produit au moment de la concession d'un grand nombre de lignes peu productives, l'amène à contracter en 1859 des engagements assez onéreux pour les finances publiques par l'extension du système des garanties d'intérêt, dont les conséquences sont aggravées par les conventions de 1863 et de 1868.

La création de compagnies considérables concentrant dans leurs mains, pour une longue période de temps, presque toutes les lignes qui desservaient une partie du territoire, a donné lieu à de vives critiques. On a beaucoup insisté sur les inconvénients de cette espèce de monopole, sans tenir assez de compte de l'étendue du droit de contrôle attribué à l'État sur l'exploitation. On a fait valoir aussi que si le morcellement excessif des lignes avait des conséquences regrettables, la concentration du service dans une mesure qui dépasserait les forces d'une compagnie avait également ses dangers. On a exprimé le regret que le système consacré par la législation française ait privé jusqu'ici le pays des avantages de la concurrence.

Des voix autorisées ont répondu à ces objections, non-seulement en exposant les résultats que ce système a produits, mais en montrant les fusions qui se sont accomplies en Angleterre et en Amérique sous l'empire d'une liberté à peu près complète et du principe de la concurrence, et qui ont amené le législateur de ces pays à organiser, non sans difficulté, un système de contrôle destiné à empêcher des abus devenus intolérables.

Plus de neuf cents compagnies se partagent le réseau américain; mais d'immenses syndicats se sont formés, et l'on en pourrait citer qui réunissent plusieurs milliers de kilomètres de chemins de fer, de canaux et même de houillères.

En Angleterre, depuis 1845, les compagnies ont sans cesse

travaillé à se réunir pour éviter une lutte ruineuse, et elles ont acquis environ le tiers des canaux. Le réseau de l'Angleterre et du pays de Galles, d'une étendue de 18,304 kilomètres, s'est si bien concentré par voie de fusions successives, que dix compagnies possèdent les quatre cinquièmes de ce réseau.

En voici le tableau :

1° London and North Western..........	2,566	kil.
2° Great Western...................	2,418	
3° North Eastern...................	2,155	
4° Midland.......................	1,700	
5° Great Eastern..................	1,345	
6° London and South Western........	1,043	
7° Great Northern.................	940	
8° Lancashire and Yorkshire........	697	
9° London Brighton and South Coast...	555	
10° South Eastern..................	582	
Total.................	13,947	kil.

La compagnie du *Great Western*, qui avait à l'origine un réseau de 178 kilomètres, s'est constituée par la fusion de trente-huit compagnies différentes. Celle du *North Eastern* a absorbé vingt-huit compagnies. Le *Great-Eastern* s'est formé en fusionnant vingt-sept lignes, et le *Great Northern* en en réunissant dix-huit.

Enfin l'enquête parlementaire de 1872, sur le régime général des chemins de fer anglais, aboutit à cette conclusion que le mouvement de fusion est irrésistible et qu'il ne s'arrêtera que lorsqu'il n'existera plus dans la Grande-Bretagne qu'un petit nombre de grandes compagnies [1].

---

[1] On peut consulter à cet égard les remarquables rapports de mission de M. Malézieux, ingénieur en chef des ponts et chaussées, sur les travaux publics en Amérique (1872) et sur les chemins de fer en Angleterre (1874).

M. Charles de Franqueville, maître des requêtes au Conseil d'État, vient de publier un ouvrage sur *le Régime des travaux publics en Angleterre*, où la question des chemins de fer est l'objet d'une étude très-approfondie et d'un grand intérêt (4 vol. in-8°; les deux derniers contiennent la collection des textes de la législation anglaise sur les chemins de fer, les routes, le cours d'eau et les ports).

Il faut lire aussi un article de M. N. Blerzy sur les chemins de fer d'Amérique, dans la *Revue des Deux-Mondes* (1er avril 1872).

Pour prévenir les abus du monopole qui tendait à s'établir, le législateur anglais a cru devoir déroger à ses traditions constantes en instituant une juridiction exceptionnelle chargée de statuer sur les réclamations auxquelles peut donner lieu l'exploitation des chemins de fer et des canaux. Il est difficile d'apprécier si cette mesure sera efficace; mais on peut faire remarquer que le gouvernement français, qui a dirigé toute la création du réseau et qui en contrôle l'exploitation, a pu faire tourner plus facilement les fusions qu'il encourageait au profit du public.

Les critiques n'ont pas manqué non plus aux conventions relatives à la garantie d'intérêt. On ne s'est pas borné à exprimer des craintes sur l'étendue et l'aggravation continue des obligations qui pouvaient en résulter pour le Trésor. On a soutenu que les grandes compagnies, chargées en quelque sorte de la régie d'un service public, seraient désintéressées de la construction et du trafic, ou du moins qu'elles seraient moins intéressées et feraient moins d'efforts que si elles n'avaient à attendre de bénéfices que des économies réalisées sur les travaux d'établissement et sur l'exploitation. On fait valoir les difficultés du règlement des comptes qui servent de base à la garantie d'intérêt due par l'État. Le système a été défendu avec beaucoup d'autorité sous l'Empire dans plusieurs discours des orateurs du gouvernement, notamment dans un discours prononcé par M. de Franqueville, le 27 juin 1865, au Corps législatif. La question a été reprise en 1873 devant l'Assemblée nationale, lors de la discussion de la convention relative à la reconstitution du réseau de la compagnie des chemins de fer de l'Est. Plusieurs députés, tout en reconnaissant que ce système avait eu sa raison d'être en 1859, qu'il avait rendu des services, insistaient vivement pour que l'Assemblée n'y persistât pas, et faisaient ressortir tous les inconvénients qu'il présentait [1]. L'Assemblée nationale ne s'est pas arrêtée à ces critiques. Elle a fait, dans la loi du 17 juin 1873, une nouvelle application de ce système, et peu de temps après, elle l'a mis en pratique d'une manière plus étendue dans la loi du 23 mars 1874, qui transformait

[1] Discours de M. Clapier à la séance du 27 mai 1873; — de M. Pouyer-Quertier, dans les séances du 13, du 14 et du 17 juin; — de M. Germain, dans la séance du 15 juin. MM. de Fourtou, Desseilligny et Krantz ont répondu à ces discours.

de nombreuses concessions éventuelles en concessions définitives.

Sans doute l'industrie des chemins de fer a traversé en Angleterre et en Amérique des crises analogues à celles qu'elle
a subies en France sans que l'État se soit cru obligé de venir
en aide aux compagnies[1]. Mais le public français aurait-il
admis que l'État pût rester indifférent à des ruines semblables à celles qui ont frappé tant de compagnies anglaises et
américaines, lorsqu'il s'agissait d'une œuvre d'utilité publique
et d'entreprises qui devaient enrichir le domaine public ?
L'exécution des chemins de fer par l'industrie privée n'eût-
elle pas été à jamais compromise, et l'État aurait-il pu entreprendre et mener à fin le réseau sur les fonds du Trésor
public ?

Le total des dépenses auxquelles aura donné lieu la construction des chemins de fer qui étaient concédés définitivement au 1ᵉʳ janvier 1870[2] est évalué à 10,138,500,000 francs,
sur lesquels il restait encore à dépenser 2,206,200,000 francs.
L'État a pris à sa charge, soit en argent soit en travaux,
1,638,500,000 fr., les compagnies 8,456,900,000 fr. Il faut
y ajouter 43,100,000 fr. qui ont été ou seront versés par des
départements, des communes et des industriels intéressés.

L'expérience a démontré aussi ce qu'il y avait de fondé
dans les craintes qui s'étaient produites en 1859, 1863 et 1868
sur l'insuffisance des produits des nouvelles lignes pour payer
l'intérêt et l'amortissement du capital qui allait s'y engager.

Le ministère des travaux publics a publié récemment des
tableaux qui indiquent, d'après les états fournis par les six
grandes compagnies, les dépenses de premier établissement
pour chaque ligne et les résultats de l'exploitation pendant
l'année 1872.

Il en résulte que, à cette date, sur les lignes du nouveau
réseau dont l'étendue totale était de 7,193 kilomètres, il n'y
en avait que trois, d'une étendue de 236 kilomètres, celle de
Lunéville à Saint-Dié, comprise dans le réseau de l'Est, celle
du Mans à Mézidon et à Falaise, comprise dans le réseau de
l'Ouest, et celle de Montpellier à Paulhan, appartenant au

______

[1] Il n'y a eu d'exception que dans quelques États de l'Amérique.
[2] Les documents officiels ne donnent pas ce calcul pour les concessions
postérieures.

réseau du Midi, dont les produits nets fussent supérieurs au montant des intérêts des capitaux engagés dans la construction. Toutes les autres, au nombre de soixante-seize, dont la longueur était de 6,957 kilomètres, donnaient un déficit de 100,765,217 francs, représentant la différence entre les produits nets de l'exploitation et les intérêts des capitaux engagés dans la construction [1]. Il y avait même vingt-deux de ces lignes, d'une étendue de 1,117 kilomètres, qui ne produisaient pas une somme suffisante pour payer leurs frais d'exploitation [2].

[1] Voici, d'après le dépouillement que nous avons fait de ces tableaux, comment les chiffres se répartissent entre les six grandes compagnies.

COMPAGNIES.	LONGUEUR totale du deuxième réseau exploité en 1872.	LIGNES DONNANT UN PRODUIT net excédant l'intérêt du capital.		LIGNES DONNANT UN PRODUIT insuffisant pour payer, en outre des frais d'exploitation, l'intérêt du capital.	
		Longueur kilométriq.	Montant des excédants.	Longueur kilométriq.	Montant des insuffisances.
Nord.	467	»	»	467	5,495,000
Est.	1,455	50	37,917	1,405	19,756,593
Ouest.	1,294	145	98,799	1,149	16,710,605
Orléans.	1,972	»	»	1,972	26,239,055
Paris à Lyon et à la Méditerranée.	911	»	»	911	19,871,000
Midi.	1,094	41	69,577	1,053	12,692,964
	7,193	236	206,293	6,957	100,765,217

[2] En voici la répartition entre les six compagnies :

COMPAGNIES.	LIGNES DONNANT UN PRODUIT insuffisant pour payer même les frais d'exploitation.	
	Longueur kilométrique.	Montant des insuffisances.
Nord.	28	76,000
Est.	71	65,032
Ouest.	130	424,842
Orléans.	256	202,900
Paris à Lyon et à la Méditerranée.	418	515,000
Midi.	214	303,612
	1,117	1,287,386

Quant à l'ancien réseau, il donnait un excédant total de
161,742,445 francs. Mais dans ce réseau, il y avait encore
quarante-trois lignes d'une longueur de 4,012 kilomètres qui
donnaient un déficit de 45,343,388 francs, et parmi ces lignes
sept d'une longueur de 79 kilomètres, appartenant à l'ancien
réseau de la compagnie de Paris à Lyon et à la Méditerranée,
ne produisaient même pas la somme nécessaire pour payer
les frais d'exploitation. Ainsi l'excédant qui servait à couvrir
l'insuffisance des produits nets des quatre cinquièmes environ de l'ancien réseau et de ceux du nouveau réseau, dans
les limites fixées pour le revenu réservé, provenait exclusivement de l'exploitation de 5,094 kilomètres [1].

Ces lignes, placées dans une condition aussi exceptionnelle,
sont les deux lignes de Paris à la frontière de Belgique
(Nord), — celle de Paris à Avricourt (Est), — de Paris à
Rouen et au Havre et de Paris à Rennes (Ouest), — de Paris
à Bordeaux (Orléans), — de Paris à Marseille (Paris à la Méditerranée), — et de Bordeaux à Cette (Midi).

On aperçoit aisément quel eût été le sort des autres chemins de fer s'ils n'avaient pas été concédés à des compagnies
qui se trouvaient en mesure, grâce aux bénéfices produits
par les grandes lignes, de pourvoir au déficit de la plus
grande partie du réseau.

[1] Voici comment ces résultats de l'exploitation de l'ancien réseau se répartissent entre les six grandes compagnies :

COMPAGNIES.	LONGUEUR totale de l'ancien réseau exploité en 1872.	LIGNES DONNANT UN PRODUIT net excédant l'intérêt des capitaux.		LIGNES DONNANT UN PRODUIT insuffisant pour payer, en outre des frais d'exploitation, l'intérêt des capitaux.	
		Longueur kilométrique.	Montant des excédants.	Longueur kilométrique.	Montant des insuffisances.
Nord........	1,115	794	24,996,000	321	1,752,000
Est........	514	435	9,488,244	79	992,164
Ouest......	900	579	8,107,530	321	1,462,441
Orléans.....	2,020	1,374	36,442,427	646	4,409,783
Paris à Lyon et à la Méditerr.	3,756	1,111	72,958,000	2,645	36,727,000[*]
Midi.......	798	798	9,849,014	»	»
	9,103	5,094	161,743,415	4,012	45,343,388

[*] En ce qui concerne les 79 kilomètres du réseau de cette compagnie qui donnent
un produit insuffisant pour payer les frais d'exploitation, l'insuffisance s'élève à la
somme de 457,000 francs.

On aperçoit aussi avec quels ménagements il faut toucher à l'organisation générale du réseau. On voit le préjudice qui serait causé aux grandes compagnies et au Trésor par la création de lignes nouvelles qui feraient concurrence aux seules lignes productives du réseau et qui viendraient partager leurs bénéfices sans être grevées de leurs charges, et l'on peut demander s'il serait juste et prudent d'autoriser de semblables concurrences en dehors du cas où l'insuffisance d'une seule ligne laisserait en souffrance les intérêts du public.

Au surplus, ce n'est pas seulement notre opinion que nous apportons ici ; nous reproduisons une appréciation faite, dans des conditions d'autorité et d'impartialité qu'il est bon de signaler, par une commission de l'Assemblé nationale.

Au mois de décembre 1871, en présence d'une crise des transports qui alarmait tous les intérêts et qui était une des funestes conséquences de la guerre, l'Assemblée nationale avait institué une commission de trente membres pour faire une enquête sur l'état des voies de communication et particulièrement sur les chemins de fer. Cette commission, qui s'est livrée à des études très-approfondies, a été à peu près exclusivement chargée de la préparation de tous les travaux de l'Assemblée sur les chemins de fer. A diverses reprises, elle a fait des rapports, soit pour exposer les résultats de ses recherches et signaler les mesures générales qu'il lui paraissait utile de prendre, soit pour proposer des résolutions relatives à des pétitions ou à des projets de loi. Dans trois occasions différentes, elle a eu à se prononcer sur la constitution du réseau français ; toujours elle a approuvé l'ensemble du système, tout en réclamant les améliorations de détail qu'elle jugeait désirables. Dans un rapport fait en son nom le 12 décembre 1873 sur le projet de loi relatif à la transformation de nombreuses concessions éventuelles en concessions définitives, M. de Montgolfier déclarait « que l'œuvre de la constitution du grand réseau national a été sagement conçue, sagement exécutée, et qu'elle fait grand honneur à ceux qui l'ont inspirée et conduite ». De son côté, M. Cézanne, dans son rapport, en date du 3 février 1873, sur les pétitions relatives à la création d'une ligne directe de Calais à Marseille, se prévalait de l'expérience faite en Angleterre et en Amérique pour défendre le système français.

« L'intervention de l'État dans la grande œuvre des che-
« mins de fer a été salutaire, dit-il, et conforme au rôle de
« sage répartiteur qui, en effet, appartient à l'État. Grâce à
« cette intervention, la solidarité qui doit exister entre toutes
« les parties du territoire national n'a pas été rompue et les
« régions les plus riches ont fourni les ressources qui ont
« permis de construire des chemins de fer dans les parties
« pauvres.

. . . .

« La marche suivie dans le passé a présenté des avantages
« assez considérables pour faire accepter quelques inconvé-
« nients.... Si l'on s'en était tenu au régime du *laissez-faire*
« qu'on réclame aujourd'hui, on aurait peut-être, il est vrai,
« trois lignes se partageant le trafic de Paris à Marseille;
« mais qui donc aurait construit ces 2,800 kilomètres de li-
« gnes improductives sur lesquelles la ligne actuelle de Paris
« à Marseille déverse annuellement un tribut de 50 millions? »

Enfin tout récemment, M. Krantz, arrivant aux conclusions
d'un long et très-remarquable travail sur l'ensemble des voies
navigables de la France, expose, dans un dernier rapport
déposé le 13 juin 1874, les avantages de la concurrence faite
aux chemins de fer par les fleuves et les canaux. Mais quant
à la concurrence qui serait faite par de nouveaux chemins de
fer, il déclare, au nom de la grande majorité de la commission, que la constitution actuelle des compagnies de chemins de fer présente de réels avantages pour le pays et que
la concurrence qu'on réclame présenterait de graves inconvénients et aboutirait à de grands mécomptes.

Ce n'est pas à dire que le système des garanties d'intérêt
n'entraîne pas des charges assez considérables pour le Trésor
public et ne comporte pas certaines difficultés d'application.
Nous allons le voir en étudiant dans leurs détails les conventions de 1859, de 1863 et de 1868, les mesures prises pour
leur exécution et les résultats qu'elles ont produits soit pour
les compagnies, soit pour l'État.

SECTION DEUXIÈME.

DES CONVENTIONS RELATIVES AUX GARANTIES D'INTÉRÊT ET AU PARTAGE DES BÉNÉFICES.

Pour étudier d'une manière approfondie la portée et les effets des conventions passées en 1859 entre l'État et les six principales compagnies de chemins de fer, modifiées par celles de 1863, puis par celles de 1868-1869, et qui comportent encore diverses exceptions en vertu de conventions spéciales passées en 1863, 1867 et 1872, nous avons à exposer d'abord les droits et les obligations des compagnies et de l'État en ce qui touche les garanties d'intérêt et le partage des bénéfices, — en second lieu les règles relatives au compte de premier établissement et au compte annuel des recettes et des dépenses que les compagnies doivent soumettre au contrôle de l'État, — enfin les effets qu'ont produits jusqu'ici les conventions.

§ 1ᵉʳ. — *Droits et obligations des compagnies et de l'État relativement à la garantie d'intérêt et au partage des bénéfices.*

Nous avons fait connaître, en exposant l'origine des conventions de 1859, de 1863 et de 1868-1869, les traits généraux du régime organisé par ces conventions [1]. Il est bon de les

[1] Voici les dates des conventions et des actes qui les ont ratifiés.

Toutes les conventions de 1858 et de 1859 ont été ratifiées par une loi unique portant la date du 11 juin 1859.

Les lois et décrets qui ratifient les conventions de 1863 portent les dates du 1ᵉʳ mai ou du 11 juin, sauf pour la compagnie du Nord (convention du 16 juin 1862, — décret et loi du 6 juillet 1862).

A partir de 1868, les dates sont plus variées :

Est. Convention du 11 juin 1868, — décret et loi du 11 juin 1868, — loi du 21 juin 1873.

Midi. Convention du 10 août 1868, — décret et loi du 10 août 1868.

Nord. Convention du 22 mai 1869, — décret et loi du 22 mai 1869, — convention du 8 janvier 1871, — décret du 6 février 1871.

Orléans. Convention du 26 juillet 1868, — décret et loi du 26 juillet 1868.

Ouest. Convention du 4 juillet 1868, — décret et loi du 4 juillet 1868.

Paris-Lyon-Méditerranée. Convention du 18 juillet 1868, — décret du 28 avril 1869, — loi du 18 juillet 1868, — loi du 23 mars 1874.

rappeler tout d'abord, pour préciser les exceptions qui ont été faites à ce régime.

Les lignes concédées aux six grandes compagnies ont été divisées en deux sections, sous le nom d'ancien et de nouveau réseau. Il doit être établi chaque année deux comptes distincts des produits nets, y compris les produits accessoires de toute nature, 1° de l'ancien réseau, 2° du nouveau réseau. Les garanties d'intérêt accordées à un certain nombre de lignes de l'ancien réseau ont été supprimées, sous la réserve des droits des tiers; elles n'ont été maintenues que pour la compagnie du Midi. Au contraire, pour le nouveau réseau, l'État a garanti, pendant cinquante ans, l'intérêt à 4 p. 100 et l'amortissement au même taux du capital engagé dans ces lignes. Mais les compagnies sont obligées de pourvoir, avant l'État, à l'insuffisance des produits du second réseau, au moyen des revenus de l'ancien réseau, quand ils dépassent un chiffre déterminé qu'on appelle revenu réservé. En outre elles doivent rembourser à l'État les avances qui leur seront faites, avec les intérêts à 4 p. 100, dès que les produits nets du nouveau réseau, accrus de l'excédant des produits nets de l'ancien réseau, auront dépassé l'intérêt garanti par l'État. Enfin l'État a droit à entrer en partage des bénéfices quand ils arrivent à dépasser un chiffre déterminé.

Mais si, en 1859, ce régime a été appliqué à toutes les lignes concédées aux six grandes compagnies, des circonstances spéciales ont amené plus tard des conventions différentes pour un petit nombre de chemins. Les unes aggravent les charges de l'État, les autres ne lui imposent aucune obligation.

D'abord en ce qui concerne les chemins de fer d'Algérie, c'est-à-dire le chemin d'Alger à Oran et celui de Philippeville à Constantine, ils ont été concédés en 1863 à la compagnie de Paris à Lyon et à la Méditerranée avec une garantie d'intérêt spéciale, à tous les points de vue. Cette garantie porte sur un capital qui ne peut dépasser 80 millions de francs; le minimum d'intérêt s'élève à 5 p. 100, amortissement compris; elle doit durer soixante-quinze ans, à partir du 1er janvier 1872. L'ancien réseau ne supporte aucune charge du fait de ces chemins [1]. Le chemin du Rhône

<hr>

[1] Convention du 11 juin 1863, — décret et loi rendus à la même date.

au mont Cenis (ancien Victor-Emmanuel) rétrocédé en 1867 à la même compagnie, est provisoirement dans une situation analogue [1]. Jusqu'à ce qu'il ait été réuni à l'un ou l'autre des réseaux, l'État s'est engagé à garantir à la compagnie : 1° un revenu de 2,254,950 francs pour les lignes rachetées à l'ancienne compagnie Victor-Emmanuel ; 2° l'intérêt et l'amortissement des obligations appliquées à des dépenses complémentaires dans les limites d'un maximum de 25 millions; 3° enfin l'intérêt et l'amortissement d'obligations appliquées au payement d'une avance de 26 millions faite au Trésor, en vertu de la convention du 18 juillet 1868, pour le percement du mont Cenis.

Au contraire les chemins de Monsoult à Amiens et de Cambrai à Douai concédés à la compagnie du Nord par la loi du 15 juin 1872, ont été mis en dehors de l'ancien comme du nouveau réseau et n'imposent aucune charge au Trésor [2].

I

La base des conventions de 1859, 1863 et 1868, c'est la division des lignes en deux réseaux distincts et leur répartition entre l'ancien et le nouveau réseau.

Déjà les conventions de 1857 avaient établi pour les compagnies d'Orléans et de Paris à la Méditerranée une séparation temporaire entre deux fractions du réseau [3]. Il avait été stipulé que pendant la construction des lignes rétrocédées par la compagnie du Grand-Central et des lignes nouvellement concédées à ces deux compagnies, les intérêts et l'amortissement des titres créés pour le rachat et l'exécution de ces lignes seraient portés au compte de premier établissement, en cas d'insuffisance des produits des sections successivement mises en exploitation. Ces insuffisances ne pe-

---

[1] Convention des 9 juin 1866 et 17 juin 1867, — décret et loi du 27 septembre 1867.

[2] Nous n'avons pas à parler ici de la garantie d'intérêt à 5 p. 100 promise pour cinquante ans à la compagnie du Nord-Est en vertu de la loi du 22 mai 1869. Les départements du Nord, du Pas-de-Calais et de l'Aisne ont pris l'engagement de participer pour moitié à cette garantie.

[3] Article 16 de la convention passée avec la compagnie d'Orléans. — Article 11 de la convention passée avec la compagnie de la Méditerranée.

saient donc pas, pendant un délai d'environ onze ans, sur l'ancien réseau. Les conventions de 1859 ont établi la séparation des réseaux pour cinquante ans, sinon d'une manière complète, au moins dans une large mesure, au point de vue de la garantie d'intérêt.

Les conventions de 1863 et de 1868-1869 ont modifié notablement non-seulement l'étendue des lignes comprises dans le nouveau réseau, mais la répartition des lignes entre le premier et le second. Un certain nombre de lignes classées dans le nouveau réseau en 1859, parce que la concession en avait été faite en 1857, époque de la crise qui a été l'origine du nouveau système, ont passé en 1863 et en 1868 dans l'ancien réseau. C'est ce qui a eu lieu pour la compagnie d'Orléans dans la convention de 1863, pour la compagnie de Paris à la Méditerranée dans la convention de 1863 et sur une plus large échelle dans celle de 1868. Des lignes nouvellement concédées en 1863 et 1868 ont même été immédiatement classées dans l'ancien réseau de la compagnie de Paris à la Méditerranée par la convention de 1868. Ce classement, qui avait pour résultat de diminuer le capital garanti par l'État et les charges qu'il avait acceptées, mais en même temps d'éloigner l'époque du partage des bénéfices, a été expliqué par le motif qu'il y avait avantage à la fois pour l'État et pour les compagnies à rattacher au même réseau les lignes qui pouvaient se faire concurrence, et à classer dans l'ancien réseau les chemins qui constituent des prolongements ou des raccourcis des grandes lignes.

Les conventions ont fixé en outre le chiffre maximum du capital de premier établissement, tant pour l'ancien réseau que pour le nouveau. Pour l'ancien réseau, c'est une des bases du calcul du revenu réservé et celle du calcul du partage des bénéfices. Pour le nouveau réseau, c'est la base du calcul de la garantie d'intérêt due par l'État et en outre du partage des bénéfices.

Voici les longueurs attribuées aux deux réseaux des différentes compagnies dans le dernier état des choses et le maximum du capital de premier établissement fixé pour chacun de ces réseaux :

COMPAGNIES.	LONGUEURS			CAPITAUX DE PREMIER ÉTABLISSEMENT.		
	Ancien réseau.	Nouveau réseau.	Totales.	Lignes des anciens réseaux.	Lignes des nouveaux réseaux.	Totaux pour les lignes.
Est [1]	994	2,105	3,099	325,000,000	940,290,000	1,265,290,000
Midi	798	1,772	2,570	295,000,000	456,000,000 [5]	751,000,000
Nord [2]	1,174	655	1,829	540,000,000	200,000,000	740,000,000
Orléans	2,020	2,333	4,353	514,000,000	832,000,000	1,346,000,000
Ouest	900	2,013	2,913	425,000,000	719,000,000	1,144,000,000
Paris - Lyon - Méditerra-née [3]	4,368	1,758	6,126	2,026,000,000 [4]	630,000,000	2,656,000,000
Si l'on ajoute la ligne du Rhône au mont Cenis	»	144	144	»	95,629,712	95,629,712
On a les totaux	10,254	10,780	21,034	4,125,000,000	3,872,919,712	7,997,919,712 [6]

[1] Nous donnons ici les longueurs qui servent de base au calcul du revenu réservé, de la garantie d'intérêt et du partage des bénéfices, en vertu des conventions de 1859, 1863, 1868 et 1873. D'après la convention passée avec la compagnie de l'Est à la suite de la guerre et ratifiée par la loi du 17 juin 1873, l'ancien réseau de la compagnie de l'Est est réduit à 533 kilomètres et le nouveau à 2,099, mais les lignes cédées à l'Allemagne figurent encore dans le calcul du revenu réservé et du partage des bénéfices.

[2] Diverses lignes d'une étendue de 158 kilomètres concédées à la compagnie du Nord par la loi du 15 juin 1872 sont en dehors de l'ancien comme du nouveau réseau.

[3] La ligne de Bességes à Alaïs, d'une longueur de 30 kilomètres, est provisoirement dans une condition spéciale.

[4] Ce chiffre est ainsi fixé par l'article 2 de la loi du 23 mars 1874.

[5] En vertu de la loi du 23 mars 1874, ce chiffre peut être élevé de 6 millions en cas de réalisation d'une concession éventuelle.

[6] Nous avons cru devoir laisser en dehors de ce tableau les chemins d'Alger à Oran et de Constantine à Philippeville, qui ne sont pas rattachés au réseau de la compagnie de Paris à la Méditerranée. L'étendue de ces chemins est de 513 kilomètres, et le capital garanti de 80 millions de francs.

La garantie d'intérêt promise par l'Etat pour le nouveau réseau doit durer pendant cinquante ans, à partir du 1er janvier 1865, pour toutes les compagnies, sauf celle des chemins de fer de l'Est, à l'égard de laquelle le point de départ a été fixé au 1er janvier 1864, parce qu'elle était plus avancée que les autres compagnies pour la construction des lignes de son second réseau à l'époque des conventions de 1859. Elle comprend l'intérêt à 4 p. 100 par an et l'amortissement, au même taux, des sommes dépensées dans le nouveau réseau[1]. A diverses reprises, les exposés des motifs et les rapports présentés aux Chambres ont indiqué que le montant total des engagements de l'État était de 4,65 p. 100. Toutefois le chiffre de l'amortissement n'avait pas été expressément stipulé dans les conventions, et sur la réclamation des compagnies, on est arrivé à calculer d'après le chiffre de 4,655, qui se rapproche plus de l'exactitude mathématique.

L'État n'est qu'un débiteur subsidiaire. Il n'est appelé à couvrir l'intérêt et l'amortissement à 4 p. 100 des dépenses faites pour le nouveau réseau, qu'autant que les compagnies n'y peuvent pas pourvoir en ajoutant aux produits de ce réseau toute la portion des produits de l'ancien réseau qui dépasse le revenu réservé. Quels sont les chiffres fixés pour le revenu réservé de chaque compagnie?

Il y a dans le calcul de ce revenu, nous l'avons dit, des éléments divers. Ce revenu doit faire face d'abord aux charges propres de l'ancien réseau : à la rémunération du capital social en actions, et au payement de l'intérêt et de l'amortissement des obligations émises pour l'achèvement de ce réseau. Le dividende attribué aux actions a été fixé en 1859, en restant au-dessous de celui auquel les compagnies étaient arrivées au moment de la crise de 1857, et il a été encore abaissé dans les conventions de 1863 pour plusieurs compagnies. Tout en venant au secours des compagnies qui considéraient qu'elles avaient accepté des charges trop lourdes, l'État ne pouvait pas leur maintenir les avantages dont elles jouissaient avant que le nouveau réseau fût venu s'ajouter à l'ancien.

[1] Il est toutefois à remarquer que les compagnies ont émis, même pour le nouveau réseau, des obligations dont l'amortissement est réparti sur toute la durée de la concession, qui dépassait sensiblement cinquante ans à l'époque des émissions de 1859 à 1863.

Si l'on compare le dividende distribué par les grandes compagnies à la suite des fusions en 1856, 1857, 1858 et 1859 avec le dividende qui est entré dans le calcul du revenu réservé, on trouve les résultats suivants :

COMPAGNIES.	DIVIDENDE compris dans le calcul des revenus réservés.	DIVIDENDE DISTRIBUÉ			
		en 1856.	en 1857.	en 1858.	en 1859.
	fr.	fr.	fr.	fr.	fr.
Est.	30,00	54	40,65	40,46	37,70
Midi.	35,00	20	20,00	20,00	27,03
Nord.	50,00	56	60,00	61,00	65,50
Orléans [1].	51,80	84	90,00	87,00	97,00
Ouest.	30,00	40	37,50	33,00	37,50
Paris-Lyon-Méditerr. [2]	47,00	Paris à Lyon. 81 / Lyon-Méditer. 117	53,00	49,50	63,50

Quant aux charges des obligations, on a distingué pour quelques compagnies, notamment celles de Paris à Lyon et à la Méditerranée et de l'Ouest, entre les émissions antérieures aux conventions et les émissions postérieures, de façon à tenir compte exactement des charges effectives pour les émissions dont les résultats étaient connus. Pour les obligations qui ont dû être émises après 1859 et aussi, dans quelques cas, pour les émissions antérieures qui ont été placées dans la même condition, l'État a admis un taux fixe de 5,75 p. 100, intérêt et amortissement compris [3]. Les calculs ont porté sur cette base qui n'a pas varié, quoique les compagnies aient fait, suivant les époques, des émissions à un taux plus favorable ou à un taux plus onéreux.

En fait, le taux de 5f,75 p. 100, intérêt et amortissement compris, avait été généralement dépassé dans les années de la crise de 1857 à 1859. Pour la compagnie de l'Ouest, les

[1] On a tenu compte, en fixant le chiffre du revenu réservé pour la compagnie d'Orléans, de ce qu'elle était sur le point de dédoubler ses actions. Depuis 1865, le dividende a été au maximum de 56 francs.

[2] Lors de la fusion qui s'est opérée en 1857, les actions de la compagnie de Paris à Lyon ont été échangées à raison de 2 anciennes pour 3 nouvelles, celles de la compagnie de Lyon à la Méditerranée à raison de 1 ancienne pour 2 nouvelles.

[3] Pour la compagnie du Nord, la convention de 1860 admet le chiffre de 5f,50 p. 100 comme le taux moyen de l'intérêt et de l'amortissement.

obligations ressortaient, pendant ces années, au taux de 6',05, 5',88, 5',77; pour la compagnie d'Orléans, les charges étaient de 5',88, 5',90, 5',64. Depuis cette époque jusqu'en 1870 et par l'effet même des conventions, les compagnies ont pu emprunter à un taux plus avantageux. La compagnie de l'Ouest, qui, en 1864, supportait encore une charge de 5',73, était arrivée en 1869 et 1870 à faire des émissions au taux de 5',04 et de 4',94. Mais, depuis la guerre, le taux des charges s'est relevé, pour la compagnie de l'Ouest à 5',63 en 1871, 5',87 en 1872, 6',20 en 1873, et pour la compagnie d'Orléans à 5',46, 5',92 et 6',09 pendant les mêmes années.

Il faut remarquer d'ailleurs que plus le terme de la concession approche, plus la charge de l'amortissement augmente; aussi, pour la compagnie de Paris à Lyon et à la Méditerranée, les charges afférentes aux obligations émises depuis le 1er janvier 1873 jusqu'à la fin du premier semestre 1874 représentent, pour intérêt et amortissement, un taux moyen de 6',20 p. 100 environ[1].

[1] Le tableau suivant permet d'apprécier les fluctuations du taux moyen des obligations depuis 1856 jusqu'à 1874.

ANNÉES.	COMPAGNIE DE L'OUEST.		COMPAGNIE D'ORLÉANS.	
	Produit net réalisé par obligation.	Taux des charges, intérêts et amortissement compris.	Produit net réalisé par obligation.	Taux des charges, intérêts et amortissement compris.
	fr.		fr.	
1856	280.08	5,71 p. 100	292,43	5,46 p. 100
1857	263,92	6,05 —	271,36	5,88 —
1858	272,82	5,88 —	270,74	5,90 —
1859	278,27	5,77 —	284,60	5,64 —
1860	285,26	5,64 —	288,33	5,57 —
1861	285,02	5,65 —	290,62	5,55 —
1862	298,90	5,39 —	(a)	»
1863	293,45	5,51 —	296,41	5,44 —
1864	282,95	5,73 —	289,18	5,60 —
1865	291,33	5,58 —	298,72	5,44 —
1866	298,46	5,46 —	303,73	5,37 —
1867	305,52	5,35 —	309,34	5,27 —
1868	315,42	5,20 —	321,60	5,09 —
1869	325,52	5,04 —	330,82	4,95 —
1870	335,24	4,94 —	320,40	5,14 —
1871	291,52	5,68 —	301,24	5,46 —
1872	281,95	5,87 —	278,05	5,92 —
1873	267,25	6,20 —	272,46	6,09 —

(a) Il n'y a pas eu d'émission d'obligations pendant cette année à raison de l'émission des actions nouvelles.

Un troisième élément du calcul du revenu réservé, c'est la contribution permanente imposée à l'ancien réseau au profit du nouveau. Cette contribution a été expliquée, nous l'avons dit, par ces deux motifs, d'abord qu'il était juste que l'ancien réseau ne profitât pas exclusivement du supplément de trafic que lui apportaient en général les lignes du nouveau réseau, en second lieu qu'il importait de prévenir le détournement de trafic qui aurait pu être pratiqué au profit de l'ancien réseau, dans le cas où les lignes du nouveau étaient parallèles. L'État ne garantissant l'intérêt et l'amortissement des dépenses faites pour le nouveau réseau qu'à raison de 4,655 p. 100 et les obligations émises par les compagnies pour faire face à ces dépenses leur imposant en moyenne une charge de 5,75, la différence, soit 1'.10, doit être payée sur le produit de l'ancien réseau.

Le total de ces trois sommes, divisé par le nombre de kilomètres de l'ancien réseau, donne le revenu réservé à la compagnie.

Le revenu déterminé par les conventions de 1859 a été modifié successivement par les conventions de 1863 et de 1868-1869, et pour la compagnie de Paris à Lyon et à la Méditerranée par la loi du 23 mars 1874.

Il est actuellement fixé aux chiffres suivants :

Pour la compagnie de l'Est. . . . . 29,100 fr.
Pour celle du Midi. 28,010
Pour celle du Nord. 38,240
Pour celle d'Orléans. 26,000
Pour celle de l'Ouest. 35,900
Pour celle de Paris à Lyon et à la Méditerranée. 31,800

On trouve dans les exposés de motifs et les rapports relatifs aux projets de loi qui ont ratifié les conventions de 1863 et surtout celles de 1868 les éléments détaillés du calcul du revenu réservé pour chaque compagnie. Ces éléments, rectifiés sur certains points et modifiés d'après les dernières conventions, ont été groupés dans le tableau suivant :

COMPAGNIES.	REVENU réservé par action.	NOMBRE d'actions.	REVENU du capital actions. $(b \times c)$	OBLIGATIONS AFFÉRENTES AUX LIGNES				REVENU réservé total pour lignes, $(d+f+h)$	NOMBRE de kilomètres de l'ancien réseau.	REVENU kilométrique réservé ou déversoir arrondi. $\left[\frac{i}{j}\right]$
				DE L'ANCIEN RÉSEAU.		DU NOUVEAU RÉSEAU.				
				Capital.	Intérêt et amortissement.	Capital	Complément d'intérêt à 1,10 p. 100.			
(a)	(b)	(c)	(d)	(e)	(f)	(g)	(h)	(i)	(j)	(k).
	f. c.	fr.	fr.	fr.	fr.	fr.	fr.	fr.	kilom.	fr.
Est.	30 00	584,000	17,520,000	33,000,000	1,897,500 [1]	865,000,000	9,515,000	28,932,500	994	29,100
Midi.	35 00	250,000	8,750,000	148,700,000	8,550,000 [2]	456,000,000	5,016,000	22,316,000	798	28,010
Nord.	50 00	525,000	26,250,000	308,125,000	16,946,875 [3]	200,000,000	1,700,000 [6]	44,896,875	1,174	38,240
Orléans.	51 80	600,000	31,080,000	214,000,000	12,305,000 [1]	832,000,000	9,152,000	52,537,000	2,020	26,000
Ouest.	30 00	300,000	9,000,000	275,000,000	15,400,000 [4]	719,000,000	7,909,000	32,309,000	900	35,000
Paris-Lyon-Méditerr.	47 00	800,000	37,600,000	1,680,500,000	94,294,400 [5]	630,000,000	6,930,000	138,824,400	4,368	31,800
Totaux.	. . . . .	3,059,000	130,200,000	2,659,325,000	149,393,775	3,702,000,000	40,222,000	319,815,775	10,254	

[1] A 5.75 p. 100.

[2] 148,700 francs à 5.75 p. 100 = 8,550,250 francs.

[3] A 5.50 p. 100.

[4] Charges effectives.

[5] Charges effectives de 1,001,500,000. 55,251,900

5.75 p. 100 sur 679,000,000. 39,042,500

Total. 94,294 400

[6] Complément d'intérêt à 0.85 p. 100.

Tel est l'état normal des relations des compagnies avec l'État. Mais les calculs que nous venons d'exposer sont faits en vue de l'exploitation complète de l'ancien et du nouveau réseau. Il y avait donc à régler des situations transitoires.

D'après les conventions de 1859 (art. 3) pour les lignes classées dans l'ancien réseau, il a été stipulé qu'elles n'entreraient en ligne de compte dans le calcul des produits nets de ce réseau qu'à partir du 1ᵉʳ janvier de l'année qui suivrait leur mise en exploitation.

Dans le discours prononcé au Corps législatif en 1865, où il expliquait si nettement le mécanisme de la garantie d'intérêt, M. de Franqueville faisait remarquer qu'il y avait dans cette clause une incitation donnée aux compagnies de terminer promptement le premier réseau, parce que le revenu kilométrique réservé est plus élevé que l'intérêt et l'amortissement de la dépense du premier réseau.

Quant aux lignes du nouveau réseau, les conventions de 1859 ont stipulé qu'elles ne participeraient à la garantie d'intérêt qu'à partir du 1ᵉʳ janvier de l'année 1865, époque où il était vraisemblable que la plupart d'entre elles commenceraient à être exploitées complétement, et pour celles qui ne seraient pas achevées à cette époque, à partir du 1ᵉʳ janvier de l'année qui suivrait leur mise en exploitation, de façon à ne pas diviser les recettes d'un exercice [1]. Dans certains cas, le point de départ de l'application de la garantie d'intérêt a été reculé davantage. Ainsi, pour la compagnie du Midi, d'après les conventions de 1863 (art. 7), les lignes dont la mise en exploitation a été postérieure au 1ᵉʳ janvier 1865, n'ont participé à la garantie d'intérêt qu'à partir du 1ᵉʳ janvier 1870. Une disposition analogue a été introduite dans les conventions passées en 1863 avec la compagnie de l'Ouest et en 1868 avec la compagnie du Midi. Jusqu'à l'époque où commence l'application de la garantie d'intérêt, les intérêts et l'amortissement des titres émis pour ces lignes sont payés d'abord au moyen du produit des sections mises en exploi-

---

[1] Dans les conventions de 1868, il a été stipulé que la même règle serait appliquée pour les travaux complémentaires exécutés sur une ligne déjà livrée à l'exploitation.

tation, et en cas d'insuffisance, les intérêts et l'amortissement sont portés au compte de premier établissement[1].

D'un autre côté, on ne pouvait faire entrer dans le calcul du revenu réservé les charges spéciales au second réseau (savoir 1f,10 p. 100 du capital qui y est dépensé) que pour les lignes de ce second réseau qui étaient complétement terminées et livrées à l'exploitation, puisque, jusqu'à cette époque, l'intérêt et l'amortissement de ces dépenses doit être porté au compte de premier établissement. Il a donc été entendu que le revenu réservé serait diminué en conséquence, jusqu'au moment de la mise en exploitation complète des lignes : ce calcul arrondi a conduit à fixer dans les conventions de 1859, de 1863 et de 1868 les réductions suivantes pour les diverses compagnies, réductions tempérées, sauf pour la compagnie de l'Est, par un maximum spécial à chacune d'elles :

Est. — 200 fr. par 100 kilomètres non exécutés.

Midi. — 200 fr. par 100 kilomètres non exécutés, limités au maximum de 2,800 fr., correspondant à 1,400 kilomètres.

Nord. — 200 fr. par 100 kilomètres non exécutés, limités au maximum de 1,000 fr., correspondant à 500 kilomètres.

Orléans. — 200 fr. par 100 kilomètres non exécutés, limités au maximum de 2,400 fr., correspondant à 1,200 kilomètres.

Ouest. — 200 fr. par 100 kilomètres non exécutés, limités au maximum de 2,000 fr., correspondant à 1,000 kilomètres.

Paris-Lyon-Méditerranée. — 80 fr. par 100 kilomètres non exécutés, limités au maximum de 1,200 fr., correspondant à 1,500 kil.

D'après les motifs qui ont inspiré cette clause, la réduction doit s'appliquer, afin d'éviter un double emploi, à toutes les lignes qui ne sont pas exécutées complétement et auxquelles, par suite, la garantie d'intérêt n'est pas appliquée. C'est ce qu'ont indiqué expressément les conventions passées en 1868 avec les compagnies de l'Est, de l'Ouest et du Midi, précisant sur ce point la rédaction adoptée en 1859.

Toutefois, dans les conventions passées en 1868 avec les

---

[1] Il faut tenir un compte notable de cette circonstance quand on discute sur le prix de revient de chaque kilomètre de chemin de fer et ne pas comparer le chiffre des frais de construction proprement dits avec celui qui résulte de l'addition des intérêts et de l'amortissement des titres pendant une période plus ou moins longue aux frais de construction.

compagnies d'Orléans, du Nord et de Paris à la Méditerranée, on a laissé subsister l'ancienne rédaction qui stipule la réduction du revenu réservé pour chaque longueur de 100 kilomètres du nouveau réseau non livré à l'exploitation. En présence de ce texte, le Conseil d'État, statuant au contentieux a décidé, dans un arrêt rendu le 17 juillet 1874, sur le recours de la compagnie d'Orléans, que cette compagnie était fondée à faire entrer dans le calcul du revenu réservé, pour l'année 1866, une section exploitée de la ligne non terminée, de Brétigny à Tours, qui avait plus de 100 kilomètres.

Mais ce n'est pas tout. D'après les conventions de 1859 et de 1863, le capital de premier établissement, tel qu'il était fixé au maximum par les conventions, ne pouvait être modifié au point de vue du règlement de la garantie d'intérêt, et les comptes devaient être arrêtés cinq ans après l'achèvement des lignes. Toutefois, si les compagnies avaient à faire de nouvelles dépenses de premier établissement, elles pouvaient se faire autoriser, par décrets délibérés en Conseil d'État, à en prélever l'intérêt et l'amortissement avant tout partage de bénéfices.

Dans les conventions de 1868, en maintenant cette clause, on a été plus loin; il a été stipulé que, pendant un délai de dix ans, les travaux complémentaires, soit sur l'ancien, soit sur le nouveau réseau, pourraient donner lieu à l'accroissement du capital de premier établissement, avec toutes ses conséquences au point de vue de la garantie d'intérêt et du revenu réservé, à la double condition qu'ils aient été faits sur des projets approuvés par décrets délibérés en Conseil d'État et dans les limites d'un maximum fixé par les conventions.

Cette solution n'avait pas été insérée dans les conventions sans difficultés. Pour les dépenses complémentaires de l'ancien réseau, la compagnie de l'Est soutenait qu'il n'y avait pas besoin de rouvrir le compte de premier établissement. Suivant elle, ces dépenses devaient être supportées par la réserve statutaire, et, après épuisement de cette réserve, être inscrites au compte d'exploitation. Pour les dépenses complémentaires du second réseau, certaines compagnies avaient demandé que les prévisions de dépenses fussent immédiatement comprises en bloc dans le capital de premier établissement. Il a paru préférable d'accorder aux compagnies soit pour l'ancien, soit pour le nouveau réseau, le droit de faire ajouter au capital de premier établissement le montant des travaux dont l'utilité pourrait être appréciée isolément, et un délai de dix ans leur a été donné, afin de ne pas les obliger à exécuter trop rapidement des travaux entraînant une charge et pour elles et pour l'État, alors que la nécessité n'en serait pas encore établie.

C'est un des points sur lesquels la situation des compagnies est la plus différente : on comprend en effet qu'elle a dû varier suivant les besoins.

Cette faculté est donnée pour le *nouveau réseau* aux compagnies d'Orléans, de l'Ouest et de Paris à Lyon et à la Méditerranée. Le maximum des dépenses de travaux complémentaires est fixé pour la compagnie d'Orléans à 22 millions, pour la compagnie de Paris à Lyon et à la Méditerranée à 7 millions, et pour la compagnie de l'Ouest à 124 millions. Mais pour cette dernière compagnie, le maximum comprend par exception les travaux exécutés tant sur l'ancien que sur le nouveau réseau, dont le montant est porté sans distinction au compte du nouveau réseau [1].

Pour ces trois compagnies, la garantie accordée par l'État au nouveau réseau s'accroît de 4,655 p. 100 des dépenses complémentaires effectivement faites. En outre, pour les compagnies d'Orléans et de l'Ouest, le revenu réservé est augmenté de 1,10 p. 100 des sommes ainsi dépensées, ce qui donne pour chaque million une augmentation kilométrique de revenu réservé de 6 francs pour la compagnie d'Orléans, et de 12 francs pour la compagnie de l'Ouest. Cet accroissement du revenu réservé n'a pas été stipulé pour la compagnie de Paris à Lyon et à la Méditerranée [2].

---

[1] Déjà, dans la convention passée en 1863 avec la compagnie de l'Ouest, on avait compris dans le capital d'établissement du nouveau réseau une somme de 55 millions, applicable à l'aménagement et à l'agrandissement des gares de l'ancien réseau qui pouvaient être considérées comme étant d'un usage commun pour les deux réseaux.

[2] Le montant des dépenses de travaux complémentaires *du nouveau réseau* actuellement autorisées (décembre 1874) s'élève :

Pour la compagnie d'Orléans, à. . . . . 1,279,240 fr.
Pour la compagnie de Paris-Lyon-Méditerranée, à. 3,027,320
Pour la compagnie de l'Ouest (ancien et nouveau réseau), à.. 34,956,105

En ce qui touche l'*ancien réseau*, la faculté d'augmenter le capital de premier établissement par des travaux complémentaires a été accordée aux compagnies de l'Est, du Midi, du Nord et de Paris à Lyon et à la Méditerranée. On a vu que pour la compagnie de l'Ouest, les travaux complémentaires des deux réseaux sont compris dans le même maximum et dans le même compte. Quant à la compagnie d'Orléans, elle n'a pas demandé cette faculté qui ne lui était pas nécessaire.

Chaque million dépensé pendant un délai de dix ans en travaux complémentaires sur l'ancien réseau donne lieu à une augmentation du revenu total réservé qui s'élève à 5',75 p. 100 ou 57,500 francs pour les compagnies de l'Est, du Midi et de Paris-Lyon-Méditerranée et à 5,50 p. 100 ou 55,000 francs pour la compagnie du Nord et qui correspond à un accroissement de revenu kilométrique réservé de 58 francs pour l'Est, 72 francs pour le Midi, 45 francs pour le Nord et 13',50 pour Paris à Lyon et à la Méditerranée, par chaque million. Le maximum des travaux complémentaires est fixé ainsi :

Est.	40,000,000 fr.
Midi.	30,000,000
Nord.	60,000,000
Paris-Lyon-Méditerranée.	96,000,000 [1]

Le point de départ du délai de dix ans a été fixé au 1er janvier 1868 pour les lignes mises en exploitation avant cette époque et, pour les lignes terminées postérieurement, au 1er janvier de l'année qui suit la mise en exploitation de chaque ligne.

Il s'est élevé assez souvent des difficultés sur la question de savoir ce qu'il faut entendre par travaux complémentaires de premier établissement. Les conventions de 1859 et de

[1] Le montant des dépenses complémentaires de l'*ancien réseau* actuellement autorisées (décembre 1874) s'élève :

Pour la compagnie de l'Est, à.	13,968,145 fr.
Pour la compagnie du Midi, à.	11,113,763
Pour la compagnie du Nord, à.	51,862,849
Pour la compagnie de Paris-Lyon-Méditerranée, à.	58,375,799

1863 ne s'expliquaient pas à ce sujet. Dans la plupart des conventions de 1868 on trouve une définition qui n'est pas exclusive. Il est parlé de travaux complémentaires « tels que l'agrandissement des gares, l'augmentation du matériel roulant, la pose de secondes voies ou de voies de garage [1]. » D'autre part, dans la convention passée avec la compagnie de l'Est (art. 10), il est stipulé que « les travaux accessoires à exécuter successivement dans les gares (de l'ancien réseau) demeurent compris dans le compte annuel des dépenses d'exploitation ». Nous reviendrons tout à l'heure sur ce point en traitant du compte de premier établissement [2].

Tels sont les différents éléments du produit net réservé.

Dans un travail récent sur le produit net réservé et le dividende des grandes compagnies de chemins de fer français [3], M. Aimé Jay s'applique à faire ressortir que, depuis l'année 1868, sauf en 1870, toutes les compagnies, même celles qui font appel à la garantie d'intérêt, ont distribué un dividende supérieur à celui qui était prévu dans le calcul du revenu réservé et que quatre d'entre elles ont en outre constitué une réserve spéciale prélevée sur le produit net. Ce résultat provient, ainsi qu'il l'explique, en premier lieu, de ce que le calcul du revenu réservé, en ce qui concerne le service des intérêts des obligations, a pour point de départ la supposition que les emprunts des compagnies sont faits en moyenne à $5^f,75$, tandis que les émissions postérieures à 1859 jusqu'à 1870 et, suivant lui, les émissions antérieures ont été réalisées à un taux plus favorable. Les compagnies peuvent donc bénéficier de l'écart entre le taux réel de leurs emprunts et celui qui avait été prévu dans les conventions. Il provient, en outre, de ce que la diminution du revenu réservé, en cas de non-exécution des lignes du nouveau réseau, est limitée par un maximum. M. Jay se demande si cette augmentation de dividende et cette constitution de réserve sont bien conformes à l'esprit

[1] Article 5 de la convention passée avec la compagnie de l'Ouest. — Article 8 de la convention passée avec la compagnie d'Orléans, etc.

[2] Les tableaux insérés aux pages 42 et 47 qui donnent l'un le maximum du capital de premier établissement pour l'ancien et le nouveau réseau, l'autre le revenu réservé pour l'ancien réseau, ne comprennent pas les additions résultant des travaux complémentaires.

[3] *Journal des actuaires français*, livraison d'avril 1874.

des conventions de 1868 et si ce bénéfice ne devrait pas plutôt venir en déduction de la garantie de l'État, pour celles des compagnies qui font appel à la garantie.

Cette critique nous paraît reposer sur une fausse appréciation des faits et de la portée des conventions. Le revenu réservé est, dans son ensemble, réservé aux compagnies. Il y a eu une sorte de forfait entre elles et l'État. On ne doit donc pas rechercher si la moyenne adoptée en 1859 pour le taux du placement des obligations n'a pas été atteinte; ce serait leur donner le droit de réclamer dans le cas où cette moyenne serait dépassée. Or, si à la suite des conventions de 1859 et par l'effet même de ces conventions, les obligations des compagnies se sont généralement placées à un taux inférieur à 5,75, on a vu cependant qu'il n'en avait pas été ainsi pendant les années 1857, 1858 et 1859, qu'en outre il s'est produit depuis 1871 des faits tout différents, que le taux de l'amortissement augmente très-sensiblement à mesure qu'on approche du terme des concessions et qu'en 1874 on arrive à dépasser le taux de 6 p. 100 [1]. Dans le cas où par suite de faits analogues, les compagnies éprouveraient une perte, elles ne pourraient évidemment pas élever de réclamation ; car le revenu réservé ne leur a nullement été garanti. Il n'y a donc pas lieu de leur contester ce bénéfice, qui a plus d'une fois été indiqué comme possible dans les discussions au Corps législatif, notamment dans un discours de M. de Forcade à la séance du 4 juin 1868. Encore moins peut-on leur contester le bénéfice résultant de l'application du maximum prévu pour la diminution du revenu réservé en cas de retard dans l'exécution des lignes.

Ajoutons, pour en terminer avec les clauses relatives à la garantie d'intérêt, que les conventions stipulent au profit de l'État le remboursement de ses avances, avec intérêt à 4 p. 100, dès que le total des produits du nouveau réseau et l'excédant des produits de l'ancien réseau sur le déversoir dépassent l'intérêt et l'amortissement à 4',65 p. 100. En outre, à l'expiration de la concession et dans le cas de rachat de la concession par l'État, si l'État est encore créancier de la compagnie, le montant de sa créance sera compensé avec la

[1] Voir la page 45.

sommé due à la compagnie pour la reprise du matériel de l'ancien et du nouveau réseau [1].

Dans les premières conventions passées avec l'État en 1858, les compagnies n'avaient donné pour gage que le matériel du nouveau réseau. Mais sur l'insistance de la commission du Corps législatif, la stipulation a été étendue au matériel de l'ancien réseau.

II

Les clauses relatives au partage des bénéfices varient suivant la situation des compagnies.

Un point est commun. Le partage doit s'exercer, s'il y a lieu, à partir du 1er janvier 1872; toutefois il ne peut se faire soit sur l'ancien, soit sur le nouveau réseau, qu'à partir du remboursement complet des sommes avancées par l'État à titre de garantie. Cette réserve n'est pas écrite dans toutes les conventions, mais elle nous paraît de l'essence du contrat.

L'État y a droit, en général, à partir du moment où l'ensemble des produits nets des deux réseaux excédera les sommes nécessaires pour représenter à la fois 8 p. 100 du capital effectivement dépensé pour les lignes de l'ancien réseau et 6 p. 100 du capital effectivement dépensé pour les lignes du nouveau réseau. Toutefois il a été fait quelques dérogations à cette règle. Pour trois compagnies, celles du Nord, d'Orléans et de l'Ouest, en ce qui concerne l'ancien réseau, elles ont droit à prélever un revenu déterminé par kilomètre

---

[1] Nous avons dit que, en vertu du traité de Francfort, l'État français s'était engagé à reprendre à la compagnie de l'Est, pour la céder à l'Allemagne, une partie du réseau de cette compagnie, d'une étendue de 835 kilomètres, dont 452 appartenant à l'ancien réseau. La ligne de Saint-Louis à Bâle a été plus tard cédée à la Suisse.

Dans la convention passée avec la compagnie de l'Est pour l'exécution du traité de Francfort et ratifiée par la loi du 17 juin 1873, art. 9, § 4, l'État a fait remise à cette compagnie, dans le rapport du nombre de kilomètres de l'ancien réseau cédés à l'Allemagne ou à la Suisse (463 kilomètres) à la longueur totale dudit réseau (996 kilomètres), des sommes qui lui avaient été avancées jusqu'à la clôture de l'exercice 1871, à titre de garantie d'intérêt, et il a renoncé à exercer contre elle, pour le remboursement de ces sommes et de leurs intérêts, la répétition prévue par l'article 8 de la convention des 24 juillet 1858 et 11 juin 1859.

pour les lignes de l'ancien réseau et non l'intérêt à 8 p. 100 du capital qu'elles y auraient dépensé [1].

[1] Le tableau suivant indique les produits nets pour chaque compagnie au moment du partage.

Est.	8 p. 100 du capital de l'ancien réseau y compris les lignes cédées à l'Allemagne.	325,000,000	26,000,000	
	8 p. 100 des travaux complémentaires limités de l'ancien réseau.	40,000,000	3,200,000	
	6 p. 100 du capital du nouveau réseau y compris les lignes cédées à l'Allemagne.	940,290,000	56,417,400	
			85,617,400	85,617,400
Midi.	8 p. 100 du capital de l'ancien réseau.	295,000,000	23,600,000	
	8 p. 100 du montant des travaux complémentaires limités sur l'ancien réseau.	30,000,000	2,400,000	
		325,000,000	26,000,000	26,000,000
	8 p. 100 du capital du nouveau réseau de 1859.	404,200,000	32,336,000	
	6 p. 100 du capital du reste d. nouveau réseau de 1868.	51,800,000	3,108,000	
		456,000,000	35,444,000	35,444,000
Nord.	50.275f × 1,174 longueur kilométrique de l'ancien réseau, sauf réduction de 52 fr. par chaque million si le chiffre effectif du capital de premier établissement est reconnu inférieur à.	540,000,000	59,022,850	
	6 p. 100 du capital du nouveau réseau.	200,000,000	12,000,000	
	6 p. 100 des travaux complémentaires de l'ancien réseau.	60,000,000	3,600,000	
			74,622,850	74,622,850
Orléans.	30,000f × 2,020 (longueur kilométrique de l'ancien réseau.	»	60,600,000	
	6 p. 100 sur le capital du nouveau réseau.	832,000,000	49,920.000	
	6 p. 100 des travaux complémentaires limités du nouveau réseau.	22,000,000	1,320,000	
			111,840,000	111,840,000
Ouest.	Le revenu réservé total afférent aux lignes de l'ancien réseau.		35,900 × 900 = 32,310,000	
	12×124×900 (voir les articles 7 et 8 de la convention de 1868), c'est-à-dire environ 1,10 p. 100 du montant (124 millions), des travaux complémentaires limités.	»	1,339,200	
	6 p. 100 du capital du nouveau réseau.	719,000,000	43,140,000	
	6 p. 100 du montant des travaux complémentaires limités.	124,000,000	7,440,000	
			84,229,200	84,229,200
Paris-Lyon-Méditerranée.	8 p. 100 du capital des lignes de l'ancien réseau de 1858-1859.	855,380,000	68,430,400	
	6 p. 100 du capital du reste du réseau.	1,798,620,000	107,917,200	
	6 p. 100 des travaux complémentaires limités du nouveau réseau.	7,000,000	420,000	
	8 p. 100 et 6 p. 100 des travaux complémentaires limités de l'ancien réseau (en moyenne 7 p. 100).	96,000,000	6,720,000	
			183,487,600	183,487,600
Victor-Emmanuel.	8 p. 100 du capital garanti.	95,629,712	7,650,377	7,650,377
	Total			608,891,027

En partant de ces bases, M. de Labry, ingénieur des ponts et chaussées, dans

On voit que les réseaux, séparés pendant cinquante ans au point de vue de la garantie d'intérêt, sont réunis au point de vue du partage des bénéfices. Il n'y a d'exception que pour la compagnie du Midi.

A la suite des conventions de 1863, la compagnie du Nord avait proposé au gouvernement de la décharger de l'obligation du partage des bénéfices. Elle proposait non-seulement de renoncer à la garantie d'intérêt dont elle ne croyait pas avoir besoin, mais d'exécuter plusieurs lignes nouvelles, sans aucun secours de l'État, et de réduire son tarif. Un projet de loi avait été présenté dans ce sens en 1865; vivement combattu dans le sein de la commission du Corps législatif, il a été retiré sans avoir été discuté en séance publique.

Pour les lignes de Monsoult à Amiens et de Cambrai à la frontière belge placées, par la loi du 15 juin 1872, en dehors de l'ancien comme du nouveau réseau de la compagnie du Nord, le partage des bénéfices aura lieu quand l'ensemble de ces lignes produira un revenu net excédant 13,000 francs par kilomètre.

§ 2. — *Comptes de premier établissement et d'exploitation.*

Nous avons dit que les conventions de 1859 obligeaient les compagnies concessionnaires à dresser et à soumettre au contrôle de l'État deux catégories de comptes, d'abord les comptes de premier établissement du nouveau réseau, et même, pour la plupart d'entre elles, de l'ancien réseau ; en second lieu, les comptes annuels et distincts des produits nets : 1° de l'ancien réseau, 2° du nouveau réseau. Un des articles de ces conventions [1] portait : qu'un règlement d'administration publique déterminerait les formes suivant lesquelles la compagnie serait tenue de justifier vis-à-vis de l'État et sous le contrôle de l'administration supérieure : 1° des

un rapport étendu sur diverses questions relatives aux garanties d'intérêt, est arrivé à calculer que l'État n'entrerait en partage des bénéfices qu'au moment où le revenu des actions se serait élevé : pour l'Est, à 46f,51, — pour le Midi, à 99f,80, — pour le Nord, à 82f,62, — pour Orléans, à 84f,05, — pour l'Ouest, à 67f,85, — pour Paris à la Méditerranée, à 62f,25.

[1] Cet article porte le n° 7 dans la convention passée avec la compagnie d'Orléans. Dans les autres conventions, il porte les n°s 8, 10, 11, 13.

frais de construction, 2° des frais annuels d'entretien et d'exploitation, 3° des recettes. Il ajoutait que le même règlement déterminerait les dispositions destinées à régler l'exercice du droit de partage des bénéfices, stipulé au profit de l'État.

Cette disposition est une conséquence nécessaire de l'appui donné aux compagnies par l'État sous la forme de garantie d'intérêt. Aussi la loi du 15 juillet 1840, qui avait pour la première fois appliqué ce système à la compagnie d'Orléans, avait, dans son article 4, prévu l'intervention d'un règlement d'administration publique pour déterminer les formes et les conditions du contrôle de l'État. La loi du 19 novembre 1849, relative à la compagnie de Marseille à Avignon, contenait dans son article 5 une disposition semblable. Depuis cette époque, c'est dans les cahiers des charges ou dans les conventions passées avec les compagnies que la clause a été insérée, afin d'assurer aux prescriptions du règlement toute l'autorité du contrat qui lie les compagnies envers l'État[1].

Les règlements prévus par les conventions de 1859, qui diffèrent sur quelques points des règlements antérieurs, ont été rendus sur l'avis du Conseil d'État et après que les compagnies ont été appelées à faire leurs observations. Ils sont intervenus dans le cours de l'année 1863 pour toutes les compagnies, sauf celle du Nord, dont la situation n'a été réglée à cet égard qu'en 1868[2].

On ne s'était pas borné à y établir les règles nécessaires pour l'exécution des conventions ; on avait cru utile, pour faire une œuvre d'ensemble, de reprendre les dispositions des conventions relatives à ces comptes et dont quelques-unes variaient suivant la situation des compagnies. Il en résulte qu'il y a de légères différences entre ces règlements, et

[1] Les règlements prévus par les lois et conventions antérieures à 1859 portent les dates des 23 octobre 1843 (Orléans), — 2 septembre 1850 (Marseille à Avignon), — 28 juillet 1852 (Lyon à Avignon), — 31 août 1852 (Dijon à Besançon), — 18 avril 1853 (Paris à Lyon), — 25 septembre 1853 (Paris à Cherbourg), 8 mars 1855 (Saint-Rambert à Grenoble), — 10 mars 1855 (Lyon à la Méditerranée).

[2] Voici les dates des nouveaux règlements : 2 mai 1863 (Est), — 6 mai 1863 (Orléans, Ouest, Midi), — 6 juin 1863 (Paris-Lyon-Méditerranée), — 6 août 1863 (Victor-Emmanuel), — 20 septembre 1863 (chemins de fer algériens), — 12 août 1868 (Nord).

qu'en outre plusieurs de leurs dispositions se trouvent implicitement modifiées par les conventions qui sont intervenues en 1868 et 1869.

Les règles de procédure sont les mêmes pour toutes les compagnies.

Les comptes de premier établissement doivent être arrêtés provisoirement, d'après les écritures de la compagnie, avant le 1er janvier qui suit la mise en exploitation des lignes. Ils devaient être arrêtés définitivement dans le délai de cinq ans d'après les conventions de 1859 (art. 3 et 4 du règlement); ils doivent l'être dans le délai de dix ans conformément aux conventions de 1868, et ce délai a pour point de départ le 1er janvier de l'année qui suit la mise en exploitation de chaque ligne, pour celles qui n'étaient pas achevées au 1er janvier 1868.

Le ministre des travaux publics a dû, en vertu de l'article 7 du règlement, fixer les modèles des comptes généraux, provisoires ou définitifs, à produire par les compagnies.

Les comptes des dépenses et des recettes de chaque exercice doivent être produits distinctement pour l'ancien et le nouveau réseau dans les quatre premiers mois de l'exercice suivant (art. 11). Ils sont adressés avant l'expiration de ce délai au ministre des travaux publics (art. 17). La compagnie doit produire à l'appui les justifications prescrites par le ministre des travaux publics (art. 16). Le règlement exige, dans son article 10, pour faciliter le contrôle, que la compagnie remette dans les trois premiers mois de chaque année, au ministre des travaux publics, le budget de ses dépenses et de ses recettes pour l'exercice commençant au 1er janvier suivant.

Le contrôle des comptes de premier établissement et des comptes annuels des recettes et dépenses a lieu dans les mêmes formes en vertu des articles 9, 18 et 19 du règlement.

Ils sont soumis à l'examen d'une commission instituée, pour chaque compagnie, par le ministre des travaux publics, et qui est composée d'un conseiller d'État, président et de six membres, dont trois au choix du ministre des finances.

Cette commission procède aux vérifications qui lui sont confiées avec le concours des inspecteurs des finances dont l'intervention périodique est prévue par l'article 26 du règlement [1].

La compagnie est tenue de représenter les registres, pièces comptables, correspondances et tous autres documents que la commission juge nécessaires à la vérification des comptes.

La commission peut se transporter au besoin par elle-même ou par ses délégués, soit au siége de la compagnie, soit dans les gares, stations et bureaux de toutes les lignes.

Elle provoque, s'il y a lieu, les explications orales ou écrites des représentants de la compagnie.

Elle adresse ensuite son rapport au ministre des travaux publics, qui, après communication au ministre des finances, arrête le compte.

S'il s'agit d'un compte de premier établissement, les conclusions du rapport de la commission tendent à faire déterminer, en ce qui touche le nouveau réseau, le montant effectif du capital auquel est applicable la garantie d'intérêt, en ce qui touche l'ancien réseau, le montant du capital dont la compagnie a le droit de prélever l'intérêt à 8 p. 100 avant tout partage de bénéfices, ou bien le montant des dépenses

---

[1] Le ministre des travaux publics a désigné pour chaque commission un président de section au Conseil d'État ou un conseiller, deux inspecteurs généraux des ponts et chaussées et un inspecteur général des mines; le ministre des finances a désigné un conseiller maître à la Cour des comptes, un inspecteur général des finances et un haut fonctionnaire du ministère, ordinairement le directeur du mouvement général des fonds.

La rédaction de l'article 26 du règlement semblait indiquer que la vérification périodique de l'inspection des finances serait distincte du travail des commissions de vérification des comptes ; mais, comme le ministre des finances a choisi un inspecteur général des finances pour faire partie des commissions, on n'a vu que des avantages dans la pratique à faire participer les inspecteurs des finances placés sous sa direction aux travaux des commissions dans lesquels ils rendent de précieux services.

Nous saisissons cette occasion de dire que, si les chiffres nombreux que nous donnons dans cette seconde partie de notre travail sont plus exacts que ceux qui ont été publiés jusqu'ici, nous le devons au soin que MM. de Boisdeffre et Brodin, inspecteurs des finances, ont bien voulu prendre de les reviser.

faites pour travaux complémentaires, à raison desquelles le revenu réservé peut être augmenté.

S'il s'agit de comptes annuels de recettes et de dépenses, le rapport rappelle en premier lieu le montant du capital employé en dépenses de premier établissement du nouveau réseau, et par suite le montant des intérêts et de l'amortissement garantis. Il établit le montant des produits nets de l'exploitation du nouveau réseau qui doit servir, en premier lieu, à couvrir l'intérêt et l'amortissement de ce capital, le montant des produits nets de l'ancien réseau et, s'il y a lieu, la somme excédant le revenu réservé qui doit concourir au payement de l'intérêt et de l'amortissement garantis par l'État, en tenant compte, pour la fixation du revenu réservé, des éléments qui peuvent, ainsi que nous l'avons indiqué, le faire diminuer (l'inachèvement de certaines lignes) ou le faire augmenter (les travaux complémentaires de premier établissement), enfin et comme conclusion, le montant des avances à la charge du Trésor, ou le montant des bénéfices à partager entre l'État et la compagnie. Tels sont les éléments de la décision du ministre pour le règlement des comptes.

Toutefois, comme la vérification des comptes annuels demande une étude approfondie, le règlement, dans son article 20, dispose que, si les produits nets de l'exercice affectés au payement de l'intérêt et de l'amortissement garantis par l'État paraissent insuffisants, le ministre des travaux publics peut, immédiatement après la fin de chaque année, arrêter provisoirement, sur la demande de la compagnie, le montant de l'avance à faire par le Trésor. Cette allocation provisoire est réglée sur le rapport de la commission de vérification des comptes et après communication au ministre des finances.

Dans le cas où le règlement définitif des comptes fait reconnaître que l'avance a été trop considérable, la compagnie est tenue de rembourser immédiatement l'excédant au Trésor avec les intérêts à 4 p. 100 [1].

<hr>

[1] Lors de la discussion de la convention passée avec la compagnie de l'Est en 1873, un orateur a indiqué que ce mode de règlement provisoire des avances sans vérification pouvait être très-préjudiciable au Trésor. En fait, il n'y a eu pendant les premières années de l'application des conventions, époque où les comptes n'avaient pu encore être vérifiés, qu'un écart assez

Ces règlements de compte, tant pour les dépenses de premier établissement que pour les dépenses et recettes de chaque année, sont faits en exécution de conventions qui ont constitué les droits et les obligations des compagnies et du Trésor. Ils soulèvent donc des questions de droit qui rentrent dans le contentieux administratif. Aussi les décisions du ministre des travaux publics sont susceptibles d'être attaquées devant le Conseil d'État statuant au contentieux. Les règlements ont réservé ce recours dans les articles 9 et 28, mais le silence des règlements n'aurait en rien lésé les droits des compagnies à cet égard.

La vérification prévue par les conventions pour les comptes de premier établissement n'est pas terminée. Elle ne peut pas l'être, puisque le délai dans lequel ils doivent être clos n'est pas encore expiré.

Mais les comptes annuels des recettes et dépenses ont été vérifiés depuis l'année 1864 jusqu'à l'année 1871 pour les compagnies de l'Est, de l'Ouest, d'Orléans, du Midi et pour la ligne du Rhône au mont Cénis (ancien Victor-Emmanuel), à l'égard desquels la garantie d'intérêt s'applique[1].

Quant aux compagnies du Nord et de Paris à Lyon et à la Méditerranée, qui n'ont pas fait appel à la garantie d'intérêt, mais qui peuvent être amenées à partager leurs bénéfices avec l'État, la vérification n'est commencée que depuis 1872, conformément à l'article 18 des règlements.

Plusieurs décisions du ministre des travaux publics ont été l'objet de recours devant le Conseil d'État au contentieux. Nous avons dit au début de ce travail que le Conseil d'État avait statué, les 5 juin et 17 juillet 1874, sur deux recours formés par la compagnie d'Orléans.

A côté du contrôle exercé par les commissions de vérification des comptes, et qui prépare la décision du ministre

peu considérable entre le montant des avances faites à titre de provision et celui qui a été le résultat du règlement des comptes. Depuis l'année 1868, les provisions sont toujours inférieures au montant des avances réglées définitivement.

[1] C'est évidemment par suite d'un malentendu qu'un orateur a cru pouvoir alléguer devant l'Assemblée nationale en 1873 qu'il avait fallu vingt ans pour terminer le premier compte de la compagnie de l'Ouest et qu'on ne pouvait pas affirmer qu'il fût encore fini.

des travaux publics sur les comptes de premier établissement et d'exploitation, les règlements ont institué une autre surveillance. D'après l'article 22 des règlements, un inspecteur général des chemins de fer, désigné chaque année par le ministre des travaux publics, est chargé, sous son autorité, de surveiller, dans l'intérêt de l'État, tous les actes de la gestion financière de la compagnie. La compagnie doit lui communiquer, à toute époque, les registres de ses délibérations, ses livres-journaux, ses écritures, sa correspondance et tous documents qu'il juge nécessaires pour constater sa situation active et passive. Il a le droit d'assister à toutes les séances de l'assemblée générale de la compagnie.

Dans les règlements antérieurs à 1863, les pouvoirs du commissaire du gouvernement, institué auprès des compagnies qui avaient obtenu des garanties d'intérêt de l'État, étaient plus étendus. Le commissaire avait le droit, non-seulement de vérifier les écritures de la compagnie, mais ses ateliers, magasins, dépôts de matières et de valeurs de toute nature, y compris les deniers en caisse et les effets en portefeuille. De plus, lorsque le commissaire croyait reconnaître que des travaux, des marchés ou tous autres faits de gestion pouvant affecter, soit la recette, soit la dépense, étaient inutiles et frustratoires, il pouvait requérir la réunion du conseil d'administration, assister à la séance, et ses observations devaient être insérées au procès-verbal[1].

Il exerçait encore une surveillance spéciale sur l'acquittement des charges de la compagnie relativement aux obligations.

Après un examen approfondi, ces diverses dispositions ont été retranchées des nouveaux règlements. Il a paru qu'elles avaient l'inconvénient d'engager outre mesure la responsabilité de l'État et qu'au point de vue de la sauvegarde des intérêts du Trésor, elles faisaient double emploi avec celles qui règlent, dans les termes les plus étendus, les pouvoirs des commissions de vérification des comptes, assistées par les inspecteurs des finances.

---

[1] Articles 1 et 2 du règlement du 20 octobre 1843 relatif à la compagnie d'Orléans et du règlement du 10 mars 1855 relatif à la compagnie de Paris à Lyon.

II

Quels sont les éléments qui doivent entrer dans les comptes?

Nous n'avons pas besoin de dire que la vérification des comptes a soulevé un grand nombre de questions de fait qu'il serait sans intérêt de mentionner ici. Le chiffre des dépenses et des recettes, l'époque à laquelle elles avaient été faites, les calculs d'intérêts, bien d'autres points ont été l'objet des études les plus attentives de la part des inspecteurs des finances et des commissions de vérification des comptes. Nous n'avons ici à signaler que les questions de droit, soulevées dans la vérification, qui ont été résolues par application des conventions ou des règlements rendus pour leur exécution, et dont la solution est généralement peu connue.

Dans l'opinion de plusieurs députés qui ont critiqué le système des garanties d'intérêt devant l'Assemblée nationale, lors de la discussion de la convention passée en 1873 avec la compagnie des chemins de fer de l'Est, les comptes servant de base aux rapports de l'État et des compagnies, seraient une véritable illusion. « Rien de certain, rien de fixe, disait un orateur, dans la comptabilité des compagnies. Nous sommes à la merci des grandes compagnies pour toutes les sommes qu'elles nous réclament sur le manque de recettes du second réseau[1]... Il est impossible d'avoir les comptes exacts des profits ou des pertes de l'ancien réseau et du nouveau. Une locomotive s'élance à droite au lieu de marcher à gauche; des marchandises, pour aller d'un point à un autre, prennent une route ou en suivent une différente; elles vont ou sur l'ancien ou sur le nouveau réseau sans autre raison que l'intérêt de la compagnie. Ainsi s'obtiennent les profits et les pertes du réseau[2]. » Sans aller aussi loin, d'autres soutenaient que « dans le système de la garantie d'intérêt il n'est pas possible d'établir les comptes entre l'État et les compagnies avec exactitude. En effet, disait l'un d'eux, vous ne pouvez pas trouver de règles invariables et sûres pour vérifier les inventaires. Des hommes d'une égale bonne foi,

---

[1] Discours de M. Pouyer-Quertier à la séance du 14 juin 1873.
[2] Discours du même orateur à la séance du 15 juin.

d'une grande capacité, ne règlent pas de la même manière leur inventaire. Quelle règle suivre pour être sûr, par exemple, qu'on porte exactement au compte d'entretien et au compte de capital ce qui leur appartient, qu'on applique à chaque réseau, à chaque ligne la part qui lui revient dans les frais généraux? Comment répartirons-nous entre les réseaux tous les comptes divers? . . . . Est-il bon que le chiffre des sommes dues par l'État puisse dépendre d'évaluations aussi délicates et aussi mal définies [1] ? »

Nous ne pouvons pas dire qu'il ait été facile d'établir des règles fixes et uniformes pour l'application des conventions relatives à la garantie d'intérêt, ni qu'on soit arrivé sur tous les points de cette vaste comptabilité à une exactitude absolue. Mais l'expérience que nous avons, depuis plusieurs années, des travaux des commissions de vérification des comptes nous permet de dire qu'après des études approfondies, on est arrivé à des solutions qui nous paraissent conformes à l'intention commune des parties contractantes et satisfaisantes au point de vue des intérêts du Trésor.

Voyons d'abord ce qui concerne le compte de premier établissement.

Les conventions exigent qu'il soit dressé un compte d'établissement distinct pour l'ancien réseau et pour le nouveau réseau.

Le compte de premier établissement des lignes du nouveau réseau doit être vérifié pour toutes les compagnies. Les conventions, comme les règlements de 1863 et de 1869, sont formels à cet égard, et il n'en pouvait être autrement, puisque la garantie de l'État porte sur le chiffre effectivement dépensé dans l'établissement des lignes, à la condition que ce chiffre ne dépasse pas le maximum déterminé dans les conventions.

Le compte de premier établissement de l'ancien réseau doit également être vérifié pour presque toutes les compagnies. Il doit l'être en entier pour les compagnies de l'Est et de Paris à Lyon et à la Méditerranée, parce que le droit de partage des bénéfices s'ouvre pour l'État, à l'égard de ces com-

---

[1] Discours de M. Germain à la séance du 15 juin 1873.

pagnies, quand l'ensemble des produits nets excède la somme nécessaire pour représenter un intérêt déterminé (8 p. 100) du capital effectivement dépensé dans l'ancien réseau, indépendamment de l'intérêt de 6 p. 100 des sommes engagées dans le nouveau. Il doit l'être aussi pour la compagnie du Nord, parce que, si les conventions accordent à l'État le droit de partage des bénéfices à partir du moment où les produits nets atteindront, en ce qui concerne l'ancien réseau, une somme fixe de 50,275 francs par kilomètre, il a été expressément stipulé dans la convention de 1869 qu'il serait fait une réduction de 52 francs par chaque million qui serait reconnu ne pas devoir entrer dans le compte de premier établissement évalué à 540 millions.

D'autre part, toutes les compagnies, sauf celle d'Orléans, ont été autorisées par les conventions de 1868 à faire des dépenses complémentaires de premier établissement sur leur ancien réseau et à faire entrer ces dépenses en ligne de compte pour le calcul du revenu réservé. Mais l'application de cette clause n'entraîne qu'une vérification partielle pour celles des compagnies qui ne sont pas assujetties déjà à la vérification intégrale. Ainsi, pour la compagnie de l'Ouest, le chiffre du capital de premier établissement de l'ancien réseau avant la convention de 1868 a été considéré comme définitivement arrêté par la convention. Pour la compagnie du Midi, qui se trouvait primitivement dans les mêmes conditions que les compagnies de l'Est et de Paris-Lyon-Méditerranée et dont le compte avait été intégralement vérifié par la commission, le chiffre du capital de premier établissement de l'ancien réseau, non compris les travaux complémentaires, a été fixé, par voie de transaction, dans la convention de 1868.

Quant à la compagnie d'Orléans, comme la base du partage des bénéfices, en ce qui touche l'ancien réseau, est une somme fixe de 30,000 francs par kilomètre, et qu'elle n'a pas eu besoin, à raison des conditions dans lesquelles avait été faite l'évaluation de ses dépenses, de demander l'autorisation d'ajouter des travaux complémentaires à son ancien réseau, aucune vérification du compte de premier établissement de ce réseau ne lui a été imposée.

La question de savoir quelles sont les dépenses qui doivent être considérées comme rentrant dans les frais de premier établissement se présente sous trois formes différentes, soit lorsqu'il s'agit de régler le compte de premier établissement des lignes de l'ancien ou du nouveau réseau, soit lorsqu'il s'agit d'autoriser par décrets, rendus dans les conditions prévues par les conventions de 1868, des travaux complémentaires, soit lorsqu'il s'agit de régler les comptes annuels de recettes et dépenses, et de liquider la garantie d'intérêt.

L'imputation des dépenses au compte de premier établissement ou au compte d'exploitation peut être avantageuse, suivant les cas, à l'État ou aux compagnies. Nous ne pouvons pas entrer ici dans les détails de cette question qui demanderait un travail spécial. Suivant qu'on envisage le présent ou l'avenir, suivant qu'il s'agit de compagnies qui font appel à la garantie d'intérêt, ou de compagnies qui peuvent s'en passer, suivant que l'époque du partage des bénéfices est plus ou moins prochaine, l'intérêt de l'État ou celui des compagnies peuvent conduire, en cas de doute, à imputer les dépenses au compte de premier établissement ou au compte d'exploitation.

Le contrôle du Conseil d'État et des commissions de vérification des comptes a donc dû s'exercer sur ce point avec un soin particulier.

Il y a des éléments essentiels qui rentrent dans le compte de premier établissement. Il y en a d'autres qui n'y entrent qu'en vertu des conventions ou des règlements de 1863.

Tout d'abord, nous devons faire remarquer que le compte de premier établissement prévu par les conventions et les règlements n'a pas le caractère d'un inventaire industriel, ce qui fait disparaître les graves difficultés qu'aurait entraînées une pareille évaluation.

Il ne s'agit pas de rechercher la valeur du chemin de fer à un moment déterminé : d'après les articles 1" et 12 des règlements de 1863, il s'agit de constater « les sommes dépensées dans un but d'utilité » pour l'établissement du chemin, à l'exclusion des dépenses d'entretien, c'est-à-dire de réparations ordinaires et extraordinaires et des frais d'exploitation, sauf certaines exceptions prévues par les conventions.

Les frais de premier établissement qui ne peuvent donner lieu à aucun doute sont les frais de construction et de mise en service d'une ligne; frais d'études et de personnel, acquisition des terrains, travaux de terrassement, de bâtiments, acquisition et emploi de matériel fixe et acquisition de matériel roulant. Il en est de même des sommes dépensées pour le rachat des lignes, que ces sommes soient supérieures ou inférieures aux frais de construction. Ces dépenses rentrent par leur nature dans les frais de premier établissement.

Les conventions de 1868, en étendant à dix ans le délai pendant lequel le compte de premier établissement restait ouvert, ont reconnu le même caractère aux travaux effectués sur des lignes déjà en exploitation pour « l'agrandissement des gares, l'augmentation du matériel roulant, la pose de secondes voies ou de voies de garage » [1]. Mais il n'y a là qu'une indication conforme aux principes généraux et non une énumération limitative des travaux complémentaires. Aussi le Conseil d'État et les commissions de vérification des comptes ont-ils reconnu le caractère de dépenses de premier établissement à tous les travaux neufs qui avaient pour résultat d'ajouter une plus-value au capital du chemin de fer. Il arrive en effet très-fréquemment ou bien que les lignes sont mises en exploitation avant que les travaux soient complétement achevés, ou bien que des modifications dans le service amènent des changements dans les installations. Il en a été ainsi notamment non-seulement des constructions de réservoirs ou châteaux d'eau, ou d'installation de plaques tournantes et de grues à des stations qui n'en avaient pas jusque-là, mais encore de la plus-value résultant de la reconstruction des réservoirs dans des dimensions plus considérables ou de l'installation de plaques tournantes ou de grues d'une dimension plus forte.

La même solution a été adoptée pour des travaux de para-

---

[1] La compagnie de l'Est est, à certains égards, dans une situation spéciale. En vertu de l'article 10 de la convention de 1868, les travaux *accessoires* à exécuter successivement dans les gares *de son ancien réseau* doivent être compris dans le compte annuel des dépenses d'exploitation. C'est une exception qui, dans la pratique, est strictement limitée conformément aux termes de la convention.

chèvement des lignes ; tantôt il s'agissait de travaux exécutés d'une manière notoirement insuffisante et qu'il fallait reconstruire ou compléter dans un délai très-rapproché de celui de la mise en exploitation, par exemple d'un souterrain où il avait été nécessaire de substituer une voûte à un simple revêtement en briques ; de tranchées qu'il avait fallu élargir ou consolider par des perrés ou des murettes, ou de l'établissement du pavage autour des maisons de garde des passages à niveau.

Le remplacement des installations provisoires, de bâtiments ou de ponts en charpente par des constructions en maçonnerie a donné lieu à l'inscription au compte de premier établissement de la dépense définitive ; mais, pour éviter un double emploi partiel, les dépenses des travaux provisoires ont été reportées au compte d'exploitation.

Les améliorations introduites dans l'installation des voies ont donné lieu à des questions délicates. Les frais de l'éclissage des rails, qui augmentait le matériel existant en lui donnant une plus grande durée, ont été portés au compte de premier établissement. Il en a été de même de la dépense nécessitée par l'addition de nouvelles traverses ou de nouveaux coussinets. Mais y avait-il lieu de prendre une décision semblable pour la plus-value résultant de la substitution de rails d'acier aux rails de fer prévus par les cahiers des charges? La question a été fort débattue. Il s'agit en effet ici d'une plus-value de qualité, d'ailleurs difficile à apprécier, et non d'une addition de matériel au matériel déjà existant. La jurisprudence, après quelques fluctuations motivées par les situations différentes dans lesquelles se trouvaient les compagnies qui ont soulevé la question, s'est s'établie en ce sens qu'en principe, quand les compagnies se bornent à remplacer les rails en fer hors de service par des rails en acier, il n'y a là qu'un travail d'entretien bien entendu, et que la dépense doit être tout entière portée au compte d'exploitation. Toutefois il n'en serait pas de même si une compagnie, pour répondre aux besoins d'une circulation exceptionnelle, renouvelait en bloc une partie considérable des voies au moyen de rails en acier sans attendre que les rails en fer fussent hors de service, et il y aurait lieu de porter au compte de premier établissement la plus-value des rails en acier sur les rails en fer. Cette solution particulière a été admise par plusieurs décrets pour les compagnies de Paris à la Méditerranée et du Nord et elle est conforme à l'esprit des conventions passées en 1868 et 1869 avec ces compagnies, en ce qui concerne les travaux complémentaires.

Il n'y a rien là d'analogue à la décision exceptionnelle qui a été consacrée par le législateur lui-même dans la convention de 1868 avec la compagnie du Midi au sujet du remplacement des rails des systèmes Barlow et Brunel. Ces rails, qui paraissaient tout aussi satisfaisants, en étant moins chers que les rails employés par les autres compagnies, avaient été employés sur toute la ligne. L'expérience avait fait reconnaître qu'ils étaient défectueux; la compagnie avait dû les enlever et les remplacer par des rails du système ordinaire. Les deux dépenses portées au compte de premier établissement faisaient double emploi et la commission de vérification des comptes avait proposé d'écarter la seconde. Mais lors de la convention de 1868, une transaction a été faite avec la compagnie du Midi et le législateur, approuvant cette transaction, a admis l'inscription des deux dépenses au compte de premier établissement. Cette transaction met en lumière le principe auquel elle a eu pour but de déroger[1].

Telles sont les dépenses qui rentrent par leur nature dans le compte de premier établissement. D'après les conventions de 1859, 1863 et 1868 et d'après l'article 1er des règlements de 1863, il faut y ajouter :

1° La dépense d'entretien et d'exploitation, jusqu'au 1er janvier qui a suivi l'ouverture de la ligne, des parties du chemin successivement mises en service ; 2° les trois cinquièmes de la dépense d'entretien de la voie et des terrassements pendant une année, à dater de la même époque, pour les parties du chemin qui n'auraient été mises en service que dans le cours de l'année précédente; la proportion des trois cinquièmes est un forfait adopté depuis l'origine dans toutes les

___

[1] C'est par suite d'une erreur difficile à expliquer qu'on a pu alléguer lors de la discussion de la loi de 1873, que « dans la comptabilité des compagnies on évaluait dans le capital d'établissement une machine locomotive à bout de service au prix de 200,000 francs, parce qu'elle avait coûté 100,000 francs d'achat et 100,000 francs de réparations. »

affaires de même nature, pour tenir compte notamment des tassements qui se produisent pendant la première année de l'exploitation; 3° en ce qui touche spécialement les lignes du second réseau, les sommes employées au payement de l'intérêt et de l'amortissement des titres émis pour le rachat ou la construction des lignes de ce réseau jusqu'à l'époque où commence pour ces lignes l'application de la garantie d'intérêt.

Mais, à titre de compensation, il faut déduire de ce compte, d'après l'article 2 des règlements : 1° les produits bruts de toute nature afférents aux parties du chemin successivement mises en service et réalisés jusqu'au 1er janvier qui a suivi l'ouverture de chaque ligne; 2° le produit de la vente des propriétés immobilières acquises par la compagnie et non affectées au service du chemin et que la compagnie est tenue de vendre dans le délai de deux ans à dater de l'achèvement des lignes; 3° le produit des capitaux affectés à l'établissement de chaque ligne jusqu'au moment de leur emploi en travaux.

Une seconde difficulté des comptes de premier établissement qui se reproduit aussi pour les comptes annuels des recettes et des dépenses, c'est la répartition, entre l'ancien et le nouveau réseau, de plusieurs dépenses communes.

Un certain nombre de gares sont communes à des lignes de l'ancien et du nouveau réseau, et ont dû être remaniées notablement à l'occasion de l'établissement des lignes du nouveau réseau. En principe, les dépenses de construction de ces gares sont réparties entre les deux réseaux proportionnellement au nombre de branches qui viennent y aboutir, à moins que cette base de répartition ne donne des résultats contraires à l'équité, à raison de la différence trop marquée de l'étendue et du trafic des lignes. Cette base est celle qu'avaient adoptée les compagnies pour leurs rapports réciproques, avant les conventions de 1859.

Les frais du matériel roulant sont généralement partagés entre les réseaux proportionnellement au parcours kilométrique annuel des trains, ce qui permet de tenir compte à la fois de la longueur exploitée et de l'importance du trafic.

Les dépenses des bâtiments communs autres que les gares, tels que les ateliers, dépôts de machines, remises de wagons, sont, à moins qu'il n'existe des ateliers distincts pour les deux réseaux, réparties comme les dépenses du matériel roulant auquel elles se rattachent.

Enfin les frais généraux d'administration centrale et du service de direction de la construction sont répartis proportionnellement aux dépenses faites sur chacun des réseaux. Voilà les principales règles relatives aux comptes de premier établissement.

Quant aux comptes annuels des dépenses et des recettes, les règlements de 1863 et de 1868 en déterminent les éléments, conformément au texte et à l'esprit des conventions, dans les articles 12 et 13.

Sont compris dans les frais annuels d'entretien et d'exploitation : 1° toutes les dépenses qui, à partir du 1ᵉʳ janvier qui a suivi la mise en service de chaque ligne, ont été faites dans un but d'utilité pour les réparations ordinaires et extraordinaires, l'exploitation et l'administration du chemin de fer et de ses dépendances, à l'exclusion des dépenses à porter au compte de premier établissement.

Les termes de l'article 12 comme ceux de l'article 1ᵉʳ permettent aux commissions de contrôle et au ministre des travaux publics de discuter, dans une certaine mesure, les dépenses faites pour la construction, l'exploitation et l'administration des chemins de fer. Ce droit est évidemment la conséquence de la situation respective faite à l'État et aux compagnies par les conventions. Toutefois il y aurait eu là une source de graves conflits entre l'État et les compagnies, si le ministre avait eu un droit absolu de contester l'utilité et l'opportunité des dépenses d'un service dont les compagnies ont la responsabilité. Aussi, dès le début de l'application de la garantie d'intérêt, les règlements ont toujours limité le droit de contrôle des commissions des comptes et du ministre en ce sens qu'il leur appartient seulement de rechercher, non si les dépenses étaient absolument nécessaires et si elles ont été complétement profitables, mais si elles ont été faites dans un but d'utilité, et pour l'entreprise du chemin de fer confiée à la compagnie, ce qui leur permet d'écarter les dépenses frustratoires et celles qui constitueraient une pure libéralité.

Il faut en outre remarquer que les comptes ne doivent comprendre que « des dépenses faites ». Une difficulté a été soulevée à ce sujet par la compagnie du chemin de fer d'Orléans, qui y attachait la plus grande importance, et l'a portée devant le Conseil d'État statuant au contentieux. La compagnie croyait faire acte de bonne administration (ce que nous ne contestons pas) en faisant des réserves pour le remplacement du matériel roulant. Elle ne se bornait pas à inscrire parmi les dépenses annuelles d'exploitation la valeur du matériel acquis pour remplacer celui qui était réformé; elle y ajoutait une somme représentant par évaluation l'usure et la dépréciation du matériel roulant pendant l'année. Elle faisait valoir qu'elle avait établi ce système d'amortissement de son matériel avant les conventions de 1859, et que l'État était censé avoir admis ce mode de procéder, puisqu'il ne l'avait proscrit ni dans la convention de 1859, ni dans le règlement de 1863.

Ce dernier argument était peu solide; car, dans les comptes antérieurs à la convention, les prélèvements pour dépréciation du matériel roulant, figuraient sous l'intitulé « renouvellement du matériel roulant », et ces expressions ne révélaient pas l'application d'un procédé contraire à celui qui était adopté dans toutes les autres compagnies de chemins de fer. Mais au fond, le système de la compagnie d'Orléans était contraire à l'esprit des conventions comme au texte du règlement de 1863. Il avait en effet pour résultat d'obliger l'État, en cas d'application de la garantie d'intérêt, à mettre immédiatement à la disposition de la compagnie des fonds destinés à pourvoir à une dépense à effectuer à une époque indéterminée et à laquelle il n'était même pas certain qu'il dût être appelé à concourir, les revenus de la compagnie pouvant être alors suffisants pour y faire face sans avances du Trésor. Le Conseil d'État a repoussé la prétention de la compagnie d'Orléans par une décision en date du 5 juin 1874.

Il n'en est pas de même des réserves annuelles qui sont faites en prévision d'incendie, pour remplacer les assurances contractées avec des compagnies spéciales. Il y a là, sauf la question de mesure, une dépense équivalente à celle des primes que demanderaient les compagnies d'assurances.

En second lieu, les frais annuels d'entretien et d'exploitation comprennent les contributions de toute nature payées par la compagnie, savoir la contribution foncière, la contribution des portes et fenêtres, la contribution des patentes, le droit de timbre des actions et des obligations payé par voie d'abonnement, les droits de douane. Mais il ne s'agit ici que des impôts payés par la compagnie elle-même. Quant à ceux qui sont perçus sur le public par l'intermédiaire de la compagnie, tels que l'impôt sur les transports à grande vitesse et à petite vitesse, le droit de transmission sur les titres, soit nominatifs, soit au porteur, l'impôt sur le revenu des valeurs mobilières, le droit de timbre des récépissés et lettres de voiture, le droit de timbre sur les quittances, ils ne figurent pas dans les comptes dressés en vue de la garantie d'intérêt.

Il faut y ajouter les frais d'entretien et d'exploitation des propriétés immobilières destinées à être aliénées, jusqu'à leur aliénation, — le prélèvement opéré pour la réserve, conformément aux statuts des sociétés, — les prélèvements ou versements faits au profit des employés des compagnies.

Les conventions et les règlements en excluent : 1° l'intérêt et l'amortissement des emprunts, notamment de ceux que les compagnies auraient contractés pour l'achèvement des travaux, en cas d'insuffisance du capital garanti par l'État ; 2° les frais concernant les établissements qui ne servent pas à l'exploitation du chemin de fer.

Quant au compte des recettes, il comprend, d'après l'article 13 des règlements, distinctement pour l'ancien et le nouveau réseau, les produits bruts de toute nature résultant de l'exploitation du chemin de fer.

Dans la discussion qui a eu lieu à l'Assemblée nationale en 1873, un orateur que nous avons déjà cité a fait remarquer que les compagnies pouvaient facilement détourner le trafic naturel du nouveau réseau au profit de l'ancien réseau, dans le cas où les lignes sont parallèles. Mais il ne faut pas oublier que les remaniements de l'ancien et du nouveau réseau effectués en 1863 et en 1868 ont fait disparaître, dans beaucoup de cas, l'intérêt d'une concurrence entre deux lignes parallèles et que d'ailleurs l'ancien réseau cesse de profiter des produits nets qui excèdent le déversoir. Or on verra bientôt dans quelles proportions le déversoir a fonctionné depuis 1864.

D'un autre côté, il faut examiner les faits de très-près avant d'affirmer que le trafic naturel du nouveau réseau est détourné au profit de l'ancien. On ne saurait établir des trains express sur des lignes à une voie, et avec des pentes de 0^m,015 et au-dessus, quand il existe à côté des lignes à double voie et à faibles pentes. Au surplus, le contrôle est possible à l'aide des pièces de comptabilité.

Les règlements disposent avec raison qu'il y a lieu d'exclure des comptes servant de base à la garantie d'intérêt les produits provenant d'établissements qui ne servent pas directement à l'exploitation du chemin de fer, de même qu'on exclut leurs dépenses[1]. Les produits des immeubles à aliéner y sont portés jusqu'au jour de l'aliénation.

La compagnie d'Orléans a élevé la prétention de faire sur ses recettes annuelles un prélèvement pour faire face au remboursement à venir des sommes qu'elle aurait perçues indûment par suite d'erreur dans le calcul des taxes. Cette réclamation a été repoussée par le Conseil d'État dans l'arrêt précité du 5 juin 1874. Il a été décidé que les comptes annuels des recettes ne pouvaient subir une réduction arbitraire, et que le montant des détaxes devait être porté au compte des dépenses de l'exercice pendant lequel aurait lieu le remboursement aux parties intéressées.

Dans l'examen des comptes annuels d'exploitation de l'ancien réseau et du nouveau réseau, les commissions de contrôle s'attachent soigneusement à n'admettre en ligne de compte que les dépenses et les recettes se rapportant à l'année pour laquelle les comptes sont vérifiés.

Mais fallait-il suivre exactement à cet égard les règles établies pour la comptabilité de l'État et rappelées dans le décret du 31 mai 1862? Les compagnies, tout en admettant le principe des règlements annuels, avaient adopté avant les conventions un système dans lequel les dépenses d'exploitation constatées avant la clôture des écritures de chaque année sont portées au compte de cette année, alors même

---

[1] Toutefois pour la compagnie du chemin de fer du Midi les résultats de l'exploitation du canal latéral à la Garonne dont elle est concessionnaire et ceux du canal du Midi, pendant la durée du bail d'affermage de ce dernier canal, sont ajoutés aux résultats de l'exploitation de l'ancien réseau.

L'article 3 de la loi du 23 mai 1874 ajoute un nouvel élément au compte annuel de cette compagnie.

qu'elles ne sont payées que dans les premiers mois de l'année suivante ou même postérieurement. Il en était ainsi notamment des dividendes payés aux actionnaires et des arrérages payés aux porteurs d'obligations. D'autre part, les recettes d'exploitation étaient portées au compte de l'année pendant laquelle elles avaient été constatées, alors même que l'encaissement n'aurait eu lieu que postérieurement. Il a paru sans inconvénient d'accepter ce système pour servir de base au règlement de la garantie d'intérêt. Seulement le Conseil d'État a décidé, dans un arrêt en date du 5 juin 1874 rendu sur la demande de la compagnie d'Orléans, qu'on ne pouvait admettre comme recettes constatées dans ce système celles dont le montant faisait l'objet d'un litige ou dont le recouvrement était incertain par suite de la faillite des débiteurs.

Quant à la division des dépenses communes à l'ancien et au nouveau réseau, les règles que nous avons indiquées pour les comptes d'établissement sont naturellement applicables. Toutes les fois qu'il est possible de spécialiser une dépense, les commissions repoussent une attribution approximative. à l'un des réseaux par voie de répartition; dans le cas où il est nécessaire de procéder à une répartition, les dépenses d'entretien des constructions sont réparties, en général, d'après les mêmes bases que les dépenses d'établissement; les dépenses d'exploitation sont pour la plupart réparties proportionnellement au parcours kilométrique des trains.

D'autre part, il a été nécessaire, dans certains cas, de chercher un procédé de répartition des recettes entre les deux réseaux. Lorsque les voyageurs ou les marchandises sont transportées exclusivement sur l'ancien ou le nouveau réseau, aucune difficulté ne s'élève. Quand les voyageurs ou les marchandises empruntent une ou plusieurs fois les deux réseaux, les recettes sont réparties entre eux au prorata de la distance parcourue sur chacun d'eux, sans tenir compte de la différence de tarif qui peut exister parfois entre les lignes. Ce procédé, un peu moins exact, que celui qui tiendrait compte des recettes effectuées sur chacune des parties d'un voyage, est plus simple et plus facile à contrôler.

§ 3. — *Effets des conventions passées entre l'État et les compagnies.*

Au moment où le législateur en 1859 sanctionna les conventions passées avec les compagnies au sujet de la garantie d'intérêt, il avait l'espoir que pour plusieurs compagnies la garantie serait nominale, parce que l'excédant des recettes du premier réseau sur le revenu réservé suffirait pour couvrir les insuffisances des recettes du second réseau. Ces prévisions se sont-elles réalisées? Quelles sont les charges qui pèsent sur l'État du chef des compagnies qui ont dû faire appel à la garantie de l'État?

Disons d'abord que toutes les compagnies ont, dès le début de l'application des conventions, fait fonctionner le déversoir au profit du nouveau réseau. Le total des sommes déversées de 1864 à 1872 s'élève à 255,232,280^f.57. Ce déversement qui dépend de deux éléments, l'insuffisance des recettes du second réseau d'abord, et en second lieu la prospérité de l'ancien réseau, a varié notablement suivant les compagnies et suivant les années.

Voici la répartition de ce total entre les différentes compagnies pendant ces neuf années.

EXERCICES.	EST.	MIDI.	NORD.	ORLÉANS.	OUEST.	PARIS-LYON MÉDITERRANÉE.	TOTAUX.
	fr.	fr.	fr.	fr.	fr.	fr.	fr.
1864	1,916,932.78	»	»	»	»	»	1,916,932.78
1865	3,262,007.52	1,133,990.78	1,057,647.20	6,988,664.58	1,185,263.00	7,289,498.26	20,917,071.29
1866	4,086,729.31	2,948,269.69	790,314.47	4,985,585.93	1,489,653.50	16,369,095.51	30,669,648.41
1867	6,789,984.02	3,462,715.41	935,370.55	7,817,185.23	2,296,784.67	24,153,597.67	45,455,637.55
1868	4,161,252.59	3,399,686.37	3,707,580.38	2,721,905.49	558,345.67	24,988,839.83	39,237,610.83
1869	6,897,691.85	2,213,713.66	2,871,663.64	8,488,725.50	991,515.24	8,317,818.20	29,781,128.09
1870	» (a)	453,398.12	631,196.69	509,102.76	» (a)	8,697,123.10	10,290,820.67
1871	389,070.58	8,013,195.26	2,648,349.45	8,902,180.77	1,371,194.12	13,291,784.30	34,615,774.48
1872	9,160,211.54	4,840,595.70	5,091,349.39	7,419,345.95	1,559,424.81	13,996,729.58	42,047,656.97
Totaux ..	36,643,880.19	26,465,564.99	17,733,471.77	47,832,696.16	9,452,181.01	117,104,486.45	255,232,280.57

(a) L'insuffisance des recettes de l'ancien réseau a été en 1870 pour la compagnie de l'Est de 5,134,337f.23, — pour la compagnie de l'Ouest de 3,548,933f.84.

Les chiffres donnés dans ce tableau sont puisés à diverses sources. Pour les années 1864 à 1870 et en ce qui concerne les compagnies de l'Est, du Midi, d'Orléans et de l'Ouest qui font appel à la garantie d'intérêt, ils sont extraits des rapports des commissions de vérification des comptes, approuvés par le ministre des travaux publics. Pour les années 1871 et 1872, en ce qui concerne ces mêmes compagnies, ils sont extraits des comptes soumis au ministre et qui n'ont pas encore été complètement vérifiés. A l'égard des compagnies du Nord et de Paris à Lyon et à la Méditerranée qui n'ont pas fait appel à la garantie d'intérêt et dont les comptes ne commencent à être vérifiés que depuis 1872, au point de vue du partage des bénéfices, nous avons pris les chiffres donnés dans un travail publié d'après les livres des compagnies. Il est à remarquer que ce travail, dont l'auteur avait puisé à la même source pour toutes les compagnies, arrive à un total de 232,480,318f.05. Le total de notre tableau est supérieur de 22,751,962f.52. C'est un des résultats de la vérification des comptes.

Il n'y a que deux compagnies qui jusqu'ici n'aient pas fait appel à la garantie d'intérêt : la compagnie de Paris à Lyon et à la Méditerranée et la compagnie du Nord. Encore faut-il dire que, par suite des événements désastreux de la guerre de 1870-1871, la compagnie du Nord aurait été en droit de réclamer l'application de la garantie d'intérêt pour l'année 1870. Mais il ne s'agissait que d'une somme d'environ 2 millions; elle était convaincue que les recettes se relèveraient rapidement sur l'ancien comme sur le nouveau réseau. Elle a proposé au gouvernement de l'autoriser à ne pas faire appel à la garantie d'intérêt et à porter au contraire au compte de premier établissement du nouveau réseau les insuffisances de recettes qui se produiraient de 1870 à 1875. Bien que cette combinaison nouvelle ne fût pas sans inconvénients, elle a été approuvée par un décret du gouvernement de la défense nationale, en date du 8 janvier 1870.

Mais les autres compagnies, savoir celles des chemins de fer de l'Est, du Midi, de l'Ouest et d'Orléans, ont dû réclamer de l'État l'exécution de ses engagements dans une mesure assez considérable.

Lorsqu'en 1865, le gouvernement proposa pour la première fois d'ouvrir au budget un crédit pour payer les garanties d'intérêt stipulées par les conventions de 1859 et 1863, M. de Franqueville, directeur général des ponts et chaussées et des chemins de fer, fut appelé à discuter les prévisions des charges que les conventions pouvaient entraîner pour le Trésor.

Le maximum de l'annuité qui pouvait être à la charge du Trésor était de 145,800,000 francs d'après les conventions de 1859, et de 186 millions d'après celles de 1863 [1]. Mais il fallait tenir compte des recettes que donnerait le second réseau, à mesure que les lignes viendraient à s'ouvrir, et aussi de l'accroissement des recettes de l'ancien réseau qui couvrait, dans une certaine mesure, les insuffisances du second. M. le directeur général exposait, tout en faisant ses réserves sur ce qu'il y avait d'hypothétique dans ses calculs, qu'il était probable qu'après avoir débuté par 33 millions en 1865, on atteindrait en 1872 le maximum de 48 à 50 millions, puis qu'on redes-

---

[1] D'après les conventions de 1868, il a été réduit à 180 millions.

cendrait jusqu'à 34 millions en 1875, époque de l'achèvement des lignes alors concédées; qu'on arriverait en 1884 à l'extinction de la garantie et qu'en 1885 commencerait pour toutes les compagnies la période de remboursement à l'État.

Un tableau dressé d'après ces prévisions rectifiées avait été annexé à la loi du 11 juin 1866, sur la caisse d'amortissement, aujourd'hui abrogée. Cette loi avait affecté à la caisse la nue propriété des chemins de fer dont la jouissance a été concédée aux compagnies et doit faire retour à l'État. Elle avait placé dans la dotation annuelle de la caisse (art. 2) le produit de l'impôt du dixième sur le prix des places et sur le transport des marchandises dans les chemins de fer, et les sommes à provenir du partage des bénéfices entre l'État et les compagnies. En retour, elle avait chargé la caisse (art. 4) de faire l'avance des sommes que l'État s'est engagé à payer aux compagnies de chemins de fer à titre de garantie d'intérêt, et qui étaient précédemment imputées au budget extraordinaire du ministère des travaux publics; le recouvrement ultérieur de ces avances et des intérêts à 4 p. 100 devait venir en accroissement des ressources attribuées à la caisse.

Le tableau annexé à la loi donnait les chiffres suivants :

ANNÉES.	CHIFFRE des annuités.	ANNÉES.	CHIFFRE des annuités.
1867.	31,000,000	Report. . . .	350,000,000
1868.	31,000,000		
1869.	26,000,000	1877.	28,000,000
1870.	26,000,000	1878.	25,000,000
1871.	41,000,000	1879.	21,000,000
1872.	41,000,000	1880.	17,000,000
1873.	43,000,000	1881.	14,000,000
1874.	42,000,000	1882.	11,000,000
1875.	37,000,000	1883.	6,000,000
1876.	32,000,000	1884.	1,000,000
A reporter. . .	350,000,000	Total.	473,000,000

$$\text{Moyenne annuelle } \frac{473,000,000}{18} = 26,277,700.$$

Il est remarquable que ces prévisions se sont assez sensiblement rapprochées des faits. Voici en effet le tableau, dressé d'après les documents officiels les plus récents, des sommes qui ont été payées aux compagnies ou qu'elles ont réclamées, à titre de garantie d'intérêt, de 1863 à 1873.

EXERCICES.	EST.	OUEST.	ORLÉANS.	MIDI.	LIGNE DU RHÔNE au mont Cenis.	TOTAUX.
1863	»	»	»	»	1,492,959	1,492,959
1864	13,958,182	»	»	»	1,409,699	15,367,881
1865	11,613,475	4,917,515	9,061,979	2,115,642	1,169,673	28,878,284
1866	9,633,578	4,948,908	8,317,495	266,802	1,283,178	24,449,961
1867	8,814,340	4,592,652	7,044,248	»	1,722,059	22,173,299
1868	9,757,640	5,817,043	13,243,937	»	2,701,953	31,520,573
1869	4,624,116	5,454,803	10,825,081	899,334	3,254,707	25,058,041
1870	21,918,439	9,890,933	18,410,986	9,416,012	2,589,524	62,225,894
1871[1]	10,239,425	9,497,970	7,063,128	700,000	2,533,216	30,033,739[2]
1872	4,471,578	13,279,307	12,164,391	4,699,827	2,563,834	37,178,937
1873	3,343,350	18,161,544	17,532,801	2,649,492	2,984,639	44,671,826
Totaux.	98,374,123	76,560,675	103,664,046	20,747,109	23,705,441	323,051,394[3]

[1] Les comptes définitifs ne sont généralement réglés que jusqu'à l'année 1871; les chiffres donnés pour les années postérieures à 1870 sont donc provisoires, sauf en ce qui concerne les chemins de l'Est et la ligne du Rhône au mont Cenis.

[2] Les sommes dues à titre de garantie d'intérêt pour les années 1871 et 1872, qui étaient imputables sur les budgets des exercices 1872 et 1873, n'ont pas été payées en capital aux compagnies. En vertu de conventions passées avec les compagnies de l'Est, d'Orléans, du Midi et de Paris à Lyon et à la Méditerranée pour la ligne du Rhône au mont Cenis, au mois de juillet 1872, la dette de l'État a été transformée en annuités représentant l'intérêt et l'amortissement des obligations que les compagnies se sont engagées à émettre pour se couvrir du montant des avances dues par l'État. Toutefois la compagnie de l'Ouest n'a pas, jusqu'ici, consenti à accepter cette conversion de la dette de l'État.

[3] Pour donner le tableau complet des avances réclamées à l'État, à titre de garantie d'intérêt, il faudrait ajouter à ce total une somme de 7,449,915 francs demandée par la compagnie de Paris à la Méditerranée pour les chemins de fer d'Algérie, à raison de l'insuffisance des produits de ces chemins en 1872 et 1873, savoir 4 millions de francs pour 1872 et 3,449,915 francs pour 1873.

Quant aux remboursements, il n'en a été effectué que par la compagnie du Midi, pendant les années 1867 et 1868, pour des sommes de 230,069 francs et de 41,095 francs, soit en totalité pour une somme de 271,164 francs.

On remarquera d'abord que la somme payée pour les années 1865 à 1869 a été un peu moins forte que celle qui était prévue dans le tableau de 1866; mais cela tient en partie à ce que l'exécution d'un certain nombre de kilomètres qui aurait dû être achevée avant 1870 a été retardée. En second lieu, le chiffre prévu pour l'année 1870 a été sensiblement dépassé. On ne peut pas s'en étonner quand on se rappelle l'interruption désastreuse du service causée par la guerre.

Mais les résultats des prévisions de 1866 ne seront-ils pas notablement modifiés dans l'avenir?

Cette question a été discutée à l'Assemblée nationale dans la séance du 16 juillet 1874 par M. Gouin et par M. le ministre des travaux publics, à l'occasion de la proposition que faisait M. Gouin, de contracter un emprunt spécial pour payer les avances dues aux compagnies. S'appuyant sur une note remise à la commission du budget par M. de Franqueville, les deux orateurs ont indiqué que, pour tenir compte des nouvelles concessions faites en 1868, en 1873 et en 1874, il était prudent d'ajouter une somme de 66 millions au total des payements prévus dans le tableau dressé en 1866, et qu'en outre la durée des avances à faire par le Trésor se prolongerait jusqu'en 1890.

Tet est l'état des choses en ce qui touche la garantie d'intérêt. Quant au partage des bénéfices, il n'a pas encore été constaté jusqu'ici que l'État y eût droit pour les concessions faites à la compagnie du Nord et à celle de Paris à Lyon et à la Méditerranée.

Mais il ne serait pas juste de relever les charges que la garantie d'intérêt impose à l'État sans mettre en regard les profits que le Trésor public lui-même retire de ces voies de circulation, à divers titres. Dans un discours prononcé à l'Assemblée nationale le 17 juillet 1874, au sujet de la proposition de M. Gouin, M. le ministre des travaux publics (M. Caillaux) évaluait à 127 millions le montant des impôts perçus par l'État à l'occasion des chemins de fer et à 56 millions le montant des économies réalisées sur les dépenses de plusieurs services publics par les transports gratuits ou à prix réduit faits, en vertu des cahiers des charges, pour diverses administrations financières, notamment l'administration des postes, pour l'administration des télégraphes et des prisons et pour l'administration de la guerre, soit au total 183 millions par an [1]. On lui a objecté, il est vrai, dans une interruption, que « c'est le public qui paye ». Mais d'abord cette objection n'est vraie qu'en partie, car si elle s'applique aux impôts pour lesquels la compagnie n'est qu'un intermédiaire entre le public et l'État, par exemple les impôts sur les transports, elle ne s'applique pas aux contributions payées par les compagnies elles-mêmes et par leurs actionnaires personnellement, impôts qui s'élèvent à environ 20 millions; elle ne s'applique pas davantage aux économies réalisées par les services publics qui sont évaluées à 56 millions, et qui, en admettant que cette évaluation, parfois critiquée, soit contestable, sont assurément d'une grande importance. Fût-elle complétement exacte, il n'en est pas moins vrai que l'exploitation des chemins de fer fait entrer dans les caisses de l'État des sommes considérables ou épargne au Trésor des dépenses qui seraient fort lourdes, et qu'on est fondé à faire entrer ces profits en ligne de compte lorsqu'on apprécie l'étendue des charges qui pèsent sur les finances publiques à l'occasion de ces mêmes voies de communication.

Il faut enfin ne pas oublier qu'une grande portion du pays aurait certainement attendu pendant de longues années les avantages immenses qu'elle retire des chemins de fer en exploitation, dont l'étendue a été doublée depuis 1859, si l'exécution de ces entreprises n'avait été soutenue par le système des garanties d'intérêt qui lui a imprimé un si grand développement.

---

[1] L'administration des travaux publics a publié en 1873 un tableau donnant le détail des impôts perçus et des économies réalisées pour l'année 1872. Le montant total des impôts s'élève à 106,825,470 francs. Mais pour l'année 1874, il faut y joindre encore 20 millions, somme à laquelle est évalué l'impôt sur les transports à petite vitesse.

2749. Paris. — Imprimerie Arnous de Rivière et Cⁱᵉ, 26, rue Racine.

www.ingramcontent.com/pod-product-compliance
Lightning Source LLC
Chambersburg PA
CBHW051228030726
47595CB00003B/797